Pueblo Iku: Ciencia, Naturaleza y Arte Arhuaco

Completamente Bilingüe: Español-Lengua Ikun

Ernesto Vega Jánica
Hugues Vega Murgas
Simón Esmeral Ariza

Portada por
ConGómez

El libro **Pueblo Iku: Ciencia, Naturaleza y Arte Arhuaco** analiza nuestros estudios más recientes y experiencias de aprendizaje relacionadas con esta comunidad indígena prehispánica aun existente en la región norte de Colombia, América del Sur. Este documento es un simple intento de aumentar la conciencia de las magníficas habilidades en STEM (Ciencia, Tecnología, Ingeniería y Matemáticas) del pueblo Iku o Arhuaco, y de cómo han conservado sus conocimientos, aplicado la ciencia en armonía con la naturaleza y otras civilizaciones.

Autores. **Ernesto Vega Jánica, Hugues Vega Murgas y Simón Esmeral Ariza**

Editor. **Ernesto Vega Jánica**

Reconocido como el Ingeniero de Protección Contra Incendios del Año 2017 por parte de la Sociedad de Ingenieros de Protección Contra Incendios (SFPE), Capítulo Nueva Jersey, Estados Unidos; y galardonado con el Premio de Patentes Tyco 2011 como autor de una solicitud de patente sobre dispositivos de notificación visual de alarma contra incendios, el Sr. Vega Janica es autor de múltiples documentos técnicos y presentaciones internacionales en el ámbito de las ingenierías y la aplicación de modelos de optimización. El ingeniero Vega Jánica, graduado de la Universidad de Maryland, U.S., es además un entusiasta de las matemáticas y sus investigaciones sobre múltiples sistemas numéricos lo han llevado a labores humanitarias y de STEM (Ciencia, Tecnología, Ingeniería y Matemáticas). El Sr. Vega Jánica es también instructor de normativas internacionales.

ISBN-13: 978-0-9997757-2-1

Registro Derechos de Autor, U.S. Copyright Office. Número de Registro TXu 2-159-273

Primera edición: Julio 22, 2019

Impreso en U.S.A. Todos los derechos reservados. Se prohíbe la reproducción de estos materiales para toda una clase, escuela o distrito. Esta obra no puede ser reproducida, ni archivada o transmitida total o parcialmente, por medio alguno sin autorización escrita del autor.

Printed in the U.S.A. All rights reserved. Reproduction of these materials for an entire class, school or district is strictly prohibited. No part of this book may be reproduced, stored in retrieval system, or transmitted in any form or by any means (mechanically, electronically, recording, etc.) without the prior consent of the author.

Presentación...

Pueblo Iku: Ciencia, Naturaleza y Arte Arhuaco

La opción perfecta tanto para educadores y padres, como para historiadores y amantes de las lenguas y culturas nativas. Este valioso texto combina aspectos socio culturales, reseñas históricas e invaluables conceptos de la vida cotidiana y creencias de nuestros pueblos Arhuacos (o Ikʉ). El libro incluye un sinnúmero de imágenes, mapas, tablas y diagramas con información relevante para la conservación de la naturaleza y cultura indígena. Además, este libro incluye ejercicios prácticos y actividades emocionantes, en un entorno actual y con ámbito global. Las páginas reproducibles brindan a los estudiantes la práctica que necesitan para dominar las habilidades básicas necesarias, y son excelentes para usar tanto en la escuela como en el hogar.

Habilidades incluidas:
- Etno-Educación enfocada a la cultura Arhuaca
- Orígenes Mitológicos
- Lenguaje
- Localización
- Costumbres y Tradiciones
- Materia, Energía y el Universo Ikʉ
- Fauna y Flora Ikʉ
- El Suelo y Las Piedras
- El Aire y El Agua
- Números Ikʉ y Otros Sistemas Numéricos Indígenas
- Actividades Pedagógicas

Dedicado a las culturas nativas del nuevo continente, a su historia, su sabiduría y sus enseñanzas para futuras generaciones.

Completamente Bilingüe: Español-Lengua Ikun

Así es tu libro...

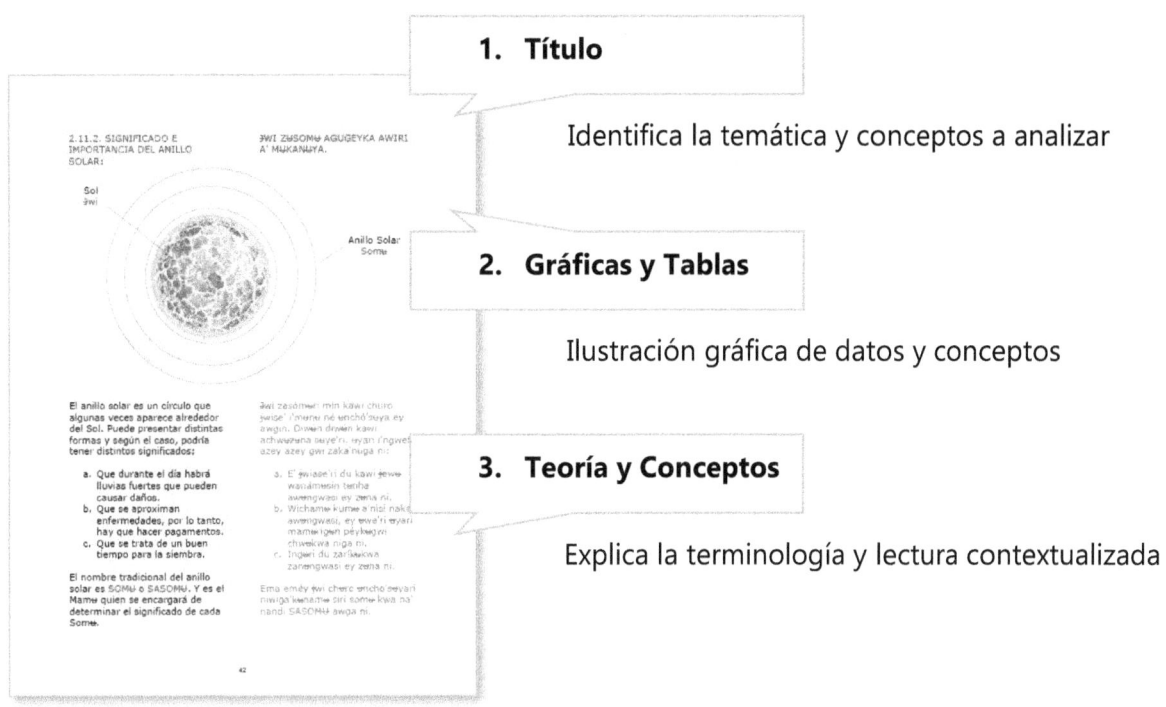

1. **Título**
   Identifica la temática y conceptos a analizar

2. **Gráficas y Tablas**
   Ilustración gráfica de datos y conceptos

3. **Teoría y Conceptos**
   Explica la terminología y lectura contextualizada

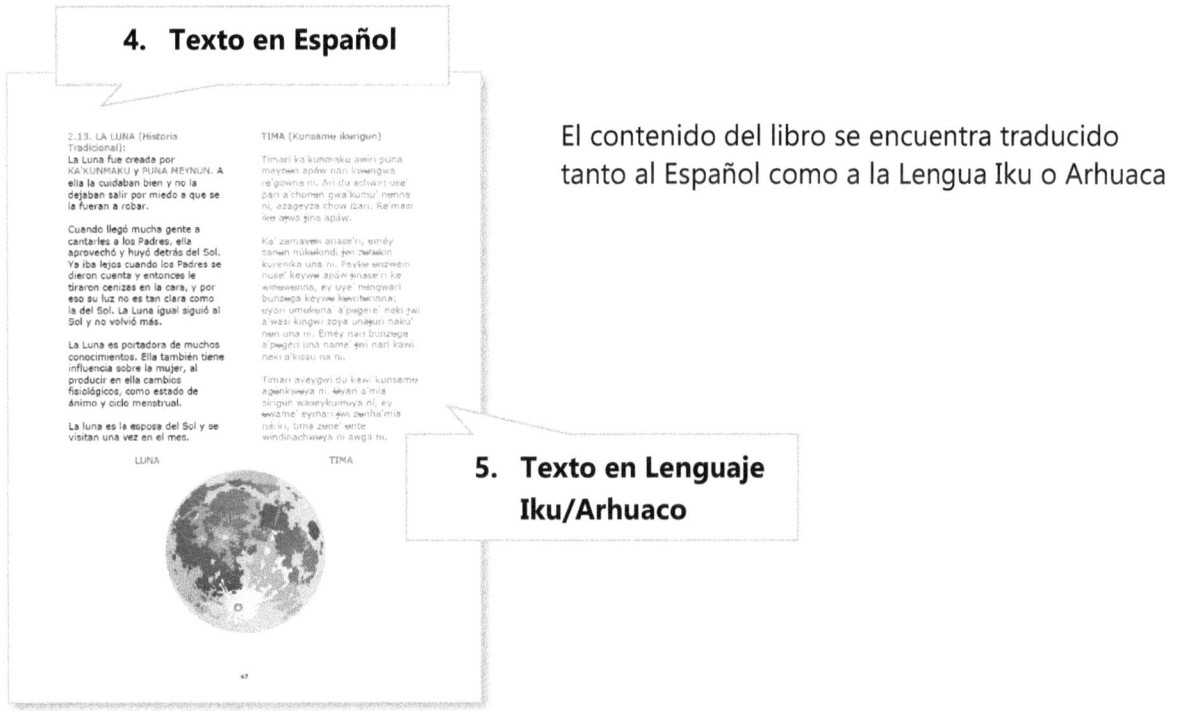

4. **Texto en Español**
   El contenido del libro se encuentra traducido tanto al Español como a la Lengua Iku o Arhuaca

5. **Texto en Lenguaje Iku/Arhuaco**

6. Actividades Lúdicas

Juegos y otras actividades en las cuales podemos poner en practica nuestros conocimientos, y al mismo tiempo, compartir y aprender de nuestros padres, maestros y amigos.

7. Las Matemáticas Indígenas

Conceptos y ejercicios básicos usando múltiples sistemas numéricos y herramientas desarrolladas por culturas nativas de américa latina.

Tabla de Contenido

Introducción.. xiii

Capítulo 1. Los Arhuacos o Pueblo Iku............................... 1
1. Origen/A'bunna... 1
1.1. Castas/Tana.. 2
1.2. Lenguaje/Winásuya... 2
1.3. Localización/Winkuya'ba... 2
1.4. Costumbres y Tradiciones/Ayey Duwina'Zuneyka Awiri Kunsamu... 5
1.4.1. El Tejido/Inu Winunkisi Zoyeyka.............................. 5
1.4.2. Traje Típico/Muku Winajuyeyka............................... 6
1.5. Artesanías/Gúnukunu.. 7
1.6. Danzas/Wina'rikwewya.. 8
1.7. El Poporo/Jo'buru... 9
1.8. Los Mamos/Mamu Jina.. 10
1.9. Organización Administrativa/Inu Winunkuchwi Awizuna'ba Winde'rigu'na.. 11
1.9.1. El Sakuku Mayor/Sakuku Achuna............................. 11
1.9.2. Embajador Arhuaco/Arwaku Embajador.................. 12
1.10. Leyenda de la Mochila Arhuaca/Kunsamu Tutu Íkuzey Waseykumuya.. 13
1.11. Nabusimake/Nabusimake... 15
1.12. Actividades Pedagógicas/Nikamu............................. 17

Tabla de Contenido

Capítulo 2. Materia, Energía y el Universo Iku/Arhuaco...... 19
2. Materia y Energía/Chuikunu Awiri Jumukunu.......................... 19
2.1. Concepto de Materia/Chuikunu Zaka'nuga.......................... 19
2.2. Constitución de la Materia/Chwikunuse' Kununeyka............ 20
2.3. Actividad Complementaria/Nikamu Kawa'Kumunga............. 20
2.4. Estados de la Materia/Chwíkuwu Juna................................. 22
2.4.1. El Estado Solido/Richu Neyka Jina..................................... 22
2.4.2. El Estado Liquido/Je Neyka Jina... 23
2.4.3. El Estado Gaseoso/Wamu Neyka Jina................................ 24
2.4.4. Cambios de Estados/Chwíkuwu Juna Unta'kumuya........... 25
2.5. Actividades Pedagógicas/Nikamu... 26
2.6. Concepto de Energía/Jukunu Jukunu Zaka'nuga................... 27
2.6.1. Clases de Energía/Jukunu Juna.. 27
2.6.2. Energía Solar/Jukunu Jwise' A'kisuya................................. 28
2.6.3. Energía Calórica/Jukunu Wiwi A'zuna................................ 28
2.6.4. Energía Eléctrica/Geysia Jukunu Kununa............................ 29
2.6.5. La Energía Humana/Iku Zujukunu...................................... 30
2.7. Actividades Pedagógicas/Nikamu... 31
2.8. El Universo/Yukweyna.. 32
2.9. El Universo: Concepto Tradicional Ikun/Ikun Awiri Bunachu Si Ga'kunamu Kwuyari... 36
2.10. Actividades Pedagógicas/Nikamu....................................... 38
2.11. Importancia Tradicional del Sol/Jwi Mamurigun A'mukuna. 39
2.11.1. Significado del Eclipse Solar/Jwi Riguye' Zakacho'Kumuya. 41

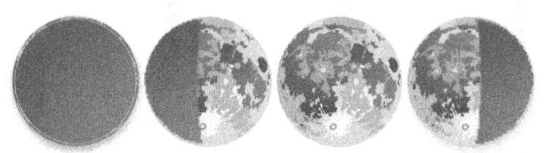

Tabla de Contenido

2.11.2. Significado e Importancia del Anillo Solar/Jwi Zusomu
Agugeyka Awiri A'mukanuya.. 42
2.12. El Planeta tierra/Miwika'Gumuka'.. 43
2.12.1. Movimientos de la Tierra/Ka' Mi'ri Awa Neyka Sirigun.... 44
2.12.2. Movimientos Sísmicos/Ka'munsa Zari Zoye'..................... 46
2.13. La Luna/Tima.. 47
2.13.1. Las Fases de la Luna y Sus Relaciones con las Actividades
Tradicionales/Tima Diwún Diwún Nige' Awiri E' Nikamuku
Ukumuya.. 48
2.13.1.1. Luna Nueva/Tima Agumu... 48
2.13.1.2. Cuarto Creciente/Tima Inayun Nuge............................. 49
2.13.1.3. Luna LLena/Tima Yow Chwuzune.................................. 50
2.13.1.4. Cuarto Menguante/Tima Unwichuye............................ 51
2.13.2. Significado del Eclipse Lunar/Tima Riguye Zaka'nuga....... 52
2.14. Actividades Pedagógicas/Nikamu... 53

   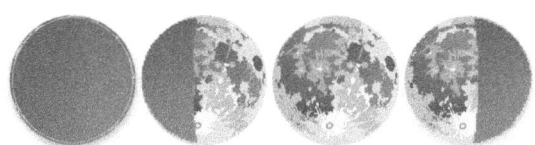

Tabla de Contenido

Capítulo 3. Flora y Fauna... 54
3. La Flora/Kun Juna.. 54
3.1. Objetivos Generales/Eymey Kuzari Emari A'kumana Ni Izanungwa Neyka... 54
3.2. Historia de Origen/Riga'wiya'ba Uzori Ukumungwa Neyka.. 55
3.3. Importancia de las Plantas/Kun Juna A'mukanuya................ 60
3.4. Partes de una Planta... 61
3.5. Clases de Hojas/Azachu Juna.. 63
3.6. La Flor/Tinzi... 64
3.7. Clasificación e Importancia de las Plantas/Kun Juna Azey Azey Awiri A'mukanuya Azey Neyka.. 65
3.7.1. Plantas Comestibles/Kun Juna Aguya................................ 65
3.7.2. Plantas para Construcción/Kun Juna Inu Bonuya.............. 68
3.7.3. Plantas Medicinales/Kun Juna Wichamuzey...................... 71
3.7.4. Plantas para Teñir/Kun Juna Si Kukumuya........................ 74
3.7.5. Plantas de Uso Ceremonial/Kun Juna Mamu Sirigun A'mukanuya.. 77
3.7.6. Plantas Sagradas/Kun Juna Mamu Si' A'Zuna.................... 78
3.7.7. Conservación de las Plantas/Kun Chwi Awkwyka............. 78
3.8. Actividades Pedagógicas/Nikamu.. 79

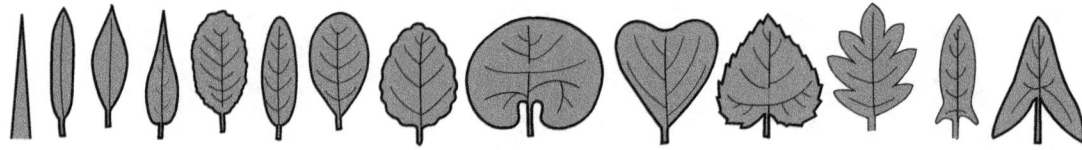

Tabla de Contenido

Capítulo 4. Los Animales... 80
4.1. Objetivos Generales/Eymey Kuzari Emari A'kumana Ni Izanungwa Neyka 80
4.2. Origen de los Animales/Gumusinu Awiwkwa'ba Sekunanukwa.. 81
4.3. Importancia de los Animales/Ana'nugari A'mukari Winkwuya Ni.. 86
4.4. Clasificación Tradicional de los Animales/Ana'nuga Juna Mamurigun Zaka'nuga.. 87
4.4.1. Animales Acuáticos/Ana'nuga Jese' Kwuyeyka.................... 88
4.4.2. Animales Terrestres/Ana'nuga Ka'se' Winkuya.................... 89
4.4.3. Animales Aéreos/Ana'nuga Drúnuya Jina............................ 90
4.4.4. Animales Comestibles/Ana'nuga Águya.............................. 92
4.4.4.1. De Consumo Común/Pinnase Águya................................ 92
4.4.4.2. De Consumo Ceremonial/Ana'nuga Mamurigun Ane' Águya.. 93
4.4.5. Animales de Transporte/Ana'nuga A'zagokumuyeyka...... 94
4.4.6. Animales Sagrados/Ana'nuga Jwakawu Neyka................... 95
4.4.6.1. Mensajeros/Ana'nuga Ga' Yeyka.. 95
4.4.6.2. De Uso Ceremonial/Ana'nuga Mamurigun Kujunuya.... 95
4.5. Actividades Pedagógicas/Nikamu.. 96
4.6. Conservación de los Animales/Ana'nuga Unkuchwi Zweykweyka.. 97
4.7. Los Animales/Ana'nuga Jina.. 98
4.8. Actividades Pedagógicas/Nikamu.. 100

Tabla de Contenido

Capítulo 5. El Suelo y Las Piedras.. 101
5. El Suelo/Re'nikwuya I'ngwi: Ka'... 101
5.1. Objetivos Generales/Eymey Kuzari Emari A'kumana Ni Izanungwa Neyka 101
5.2. Concepto de Suelo/Ka' Jwa'samu... 102
5.3. Usos del Suelo/A'mukánuya.. 102
5.4. Los Seres Vivos y Sus Usos/Chuka A'zuna Jina A'mukanuya. 104
5.5. Clasificación Tradicional/Mamurigun Zaka'cho'kumuya........ 105
5.6. Clasificación Occidental/Bunachurigun Zaka'cho'kumuya.... 106
5.7. Manejo y Conservación/Ka' Uzweykwa Si Awiri Chucwa Si... 107
5.8. El Suelo y Las Piedras/Ka' Awiri A'nu..................................... 107
5.9. Lugares Sagrados/Ka' A'zuna Kwuyeyka................................ 108
5.10. Importancia de las Piedras/A'nu A'mukanuyeyka................ 109
5.11. Utilidad de las Piedras/A'mukunhakumuya.......................... 110
5.12. Clasificación de las Piedras/A'nu Juna Kwuyeyka................ 111
5.13. Significado de las Piedras/A'zuneyka..................................... 111
5.14. Respeto y Cuidado/Chow Achwi Awiri Chwi Awkwa Neyka. 112
5.15. Actividades Pedagógicas/Nikamu.. 113

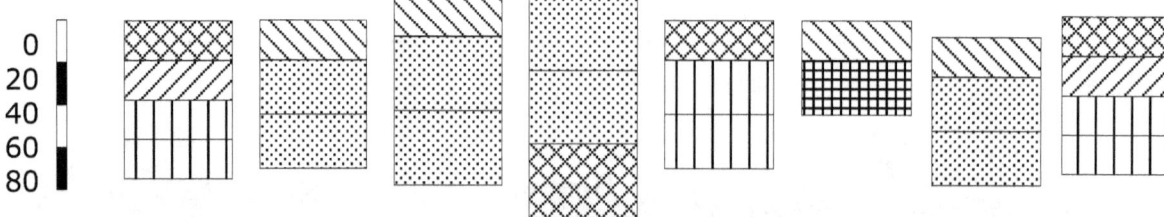

Tabla de Contenido

Capítulo 6. El Aire.. 114
6. El Aire/Wamu... 114
6.1. Objetivos Generales/Eymey Kuzari Emari A'kumana Ni Izanungwa Neyka 114
6.2. El Aire (Historia Tradicional)/Kunsamu Birin Zanu................... 114
6.3. Importancia para los Seres Vivos/Inuki Kwey Uwa Neykase' Ka'mukanuya.. 116
6.4. Componentes del Aire/Wamuse' Juna Kununeyka............. 117
6.5. Contaminación del Aire/Wamu Wa'mikumuyeyka................ 117
6.6. Conservación del Aire/Wamu Chwukwa............................ 118
6.7. Actividades Pedagógicas/Nikamu....................................... 119

Tabla de Contenido

Capítulo 7. El Agua.. 120
7. El Agua (Historia Tradicional)/Je Kunsamʉ Birin Zanʉ............... 120
7.1. El Agua: Significado Tradicional/Niwikunsamʉ Si Zaka'nagu Jina.. 121
7.2.1. El Rio/Jeswi.. 121
7.2.2. El Mar/Mʉ'kuriwa... 123
7.2.3. Las Lagunas/Jiwʉ... 125
7.2.4. Los Manantiales/Jecho'Jina.. 127
7.2.5. Los Arroyos/Je Zugumʉ.. 129
7.3. Uso común del Agua/Sigin Je' A'mʉkuna................................ 130
7.4. Uso Ceremonial/Mamʉsi Je' A'mʉkuna.................................. 131
7.4.1. Uso Ceremonial del Agua al Nacer un Niño/Gumʉsinʉ Kwakumʉye' Amʉkanʉya... 131
7.4.2. Uso Ceremonial del Agua cuando una Mujer da a luz un Bebé/Gwati Gumʉsinʉ Unkʉtosʉye' A'mʉkuna......................... 132
7.4.3. Uso Ceremonial del Agua cuando una Joven empieza su desarrollo como Mujer/Gaysinʉ Achʉna Nisi Zoye A'mʉkuna.... 133
7.4.4. Uso Ceremonial del Agua en Casos Mortuorios/Eysa Ukumʉye A'mʉkanʉya... 134
7.4.5. Otros Usos Importantes del Agua.. 135
7.5. Ciclo del Agua/Je Diwʉ́n Diwʉ́n Niga..................................... 136
7.6. Contaminación del Agua/Je Wa'mikumey............................ 137
7.7. Conservación del Agua/Je Chwi.. 138
7.8. Actividades Pedagógicas/Nikamʉ... 140

Tabla de Contenido

Capítulo 8. Números Arhuacos/Iku.................................... 141
8. Números Arhuacos/Izunchunhakumuya Ikun............................ 141
8.1. ¿Qué Tribus Indígenas hemos considerado?/¿Bema Iku Juna America Winkuyari "Uya" Awanun Nu'kure?..................... 142
8.2. ¿Qué tan Avanzados fueron sus Matemáticas? Y, ¿Cómo son Relevantes Hoy en Día?/¿Bin Nánukin Izunchunhakumuyari Ázwurárigun nun nanno? Awiri, ¿Iwari Azi Kawi Eygumun Zacacho'Kumo? 144
8.3. ¿Cuándo y Dónde Existieron?/¿Binzari Awari Beku Winkwananno?.. 145
8.4. Las Matemáticas de Los Maya y Aztecas: Ábaco Maya o Nepohualtzintzin/Izuchunkweyna Maya Awiri Aztecazey: Ábaco Maya.. 146

Biografía Autores

Agradecimientos

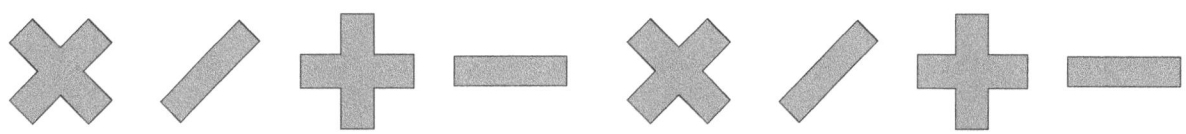

Introducción

La riqueza cultural de este Pueblo Arhuaco y otras comunidades indígenas debe ser de gran orgullo para nuestras generaciones actuales y futuras. El estudio y documentación de sus conocimientos son una herramienta para comprender aún mejor nuestra relación con el mundo que nos rodea y nuestro rol ante la naturaleza, la ciencia y el arte.

A continuación, veremos algunos elementos prácticos y didácticos que esperamos acerquen a nuestros niños al aprendizaje, respeto y amor por este pueblo hermano de los Ikʉ o Arhuacos.

Con base en nuestra investigación acerca de múltiples sistemas numéricos indígenas, y otras herramientas de ciencia, tecnología, ingenierías y matemáticas (STEM), nace parte de la idea de este libro, que, aunque mucho más específico a una sola civilización; podría ser de gran ejemplo para muchos pueblos y generaciones futuras, en cuanto presta un servicio social y humanitario al preservar parte de esta cultura y lenguaje que aún tenemos el privilegio de conocer.

Esperamos pues, los conceptos a continuación sean de gran valor para ustedes y sus familias.

Chuzʉnhakumey zoyana wásʉya

Ema arwaku neyka awiri in'geygwi ikʉ nenanki ikʉnha nari winʉwa'ba dukawa winʉkʉnari aweykari eygwi wininayʉn nugga awiri eygwi winkwakumʉngwa ɉina neykazeyri zeyzey wina'chwi winchwiza nanunanno. Kʉrigawi uneyka awiri paperi bori uneyka inʉ zana pinnase' ka'mʉkanagwi awikeywʉri kʉrigawía unige'ri zaku ɉina nanʉn nugeykari ʉyasingwi ʉnkʉnʉnkura na'nó niwe'zʉn awiri chow a'chwa awniwingwa nari nanu nanno.

Eymi pariri, in'gwi ɉuná neyka kʉrigawiwkwey kawi kʉrigata'na neykari gʉmʉsinʉse'ri wina'riguzari, chow a'chwi nʉnnige'ri arwaku aneykase'ri peykʉ twiré yʉngwa nanu nanno.

Sekʉnari kʉrigawí ʉweyka ikʉ inʉ winʉkizʉnchʉnhey uweyka awi pinna ɉunakʉchʉ sekʉnari ukumaneykase' anipʉnsiri ema kʉriwiwkweyna a'chunhakumʉngwa ni'na ni, eygumʉn in'gwi kinki nʉnnandi eygumʉ dukawi renari zʉnnanki awanʉnki ema neykari ingweti akwey azoyanke neki a'mʉkanagwi awiza na'nanno awanʉn nusi emari nanu nanno; ey awkweygwi niwikʉnʉna'bari.

Ey awʉndi, emi a'nikwʉyari awʉtari a'zʉna miwikʉnika miwi awiri in'gwi re'kwa nenanki eyma iawa'kʉngwa ni.

LOS ARHUACOS O PUEBLO IKᵾ

1. ORIGEN

Dice el saber mitológico de los Arhuacos que antes de la materialización de los seres vivientes de la naturaleza, todo era oscuridad y que todo proviene de la madre tierra, **Séynekᵾn**[1], y del padre cielo, **Bunkwakukwi**[2].

Para los Ikᵾ, los cuatros elementos fundamentales de la naturaleza son: agua, tierra, aire y fuego.

El pueblo Arhuaco está conformado por cuatro castas.

A'BUNNA

Kunsamᵾ wina'rigᵾnkuya ikᵾ na'ba winyeykari, emi pinna chᵾká a'zari chuzari ᵾweyka eykigwi zaniku'gwi nᵾnkwe'ri, yowkᵾchᵾ seyhᵾn (twi zari) zᵾn zᵾnna ni awiri zaku ka'gᵾmᵾ **Seynekᵾn** awiri kakᵾ **Bunkwakukwi** na'ba gunti keywᵾ zanikᵾn pᵾnna ni.

Ikᵾ neykase'ri, ma'keywa ɉuna neyka awᵾtari a'zᵾneyka winᵾwánᵾyari ema ni: ɉe, ka', wamᵾ awiri gey.

Ikᵾ winneyka ɉinari ma'keywa re'kwa winneyka ni.

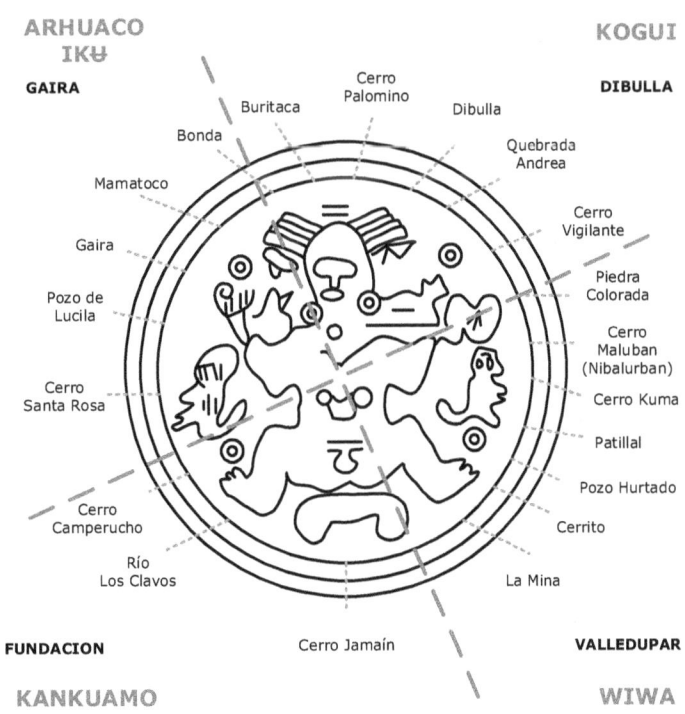

[1] Nombre de la Madre Tierra
[2] Nombre del Padre Sol

Juntos suman más de 45000 individuos.

En años recientes, han logrado conformar **Cabildos Gobernadores**[3], los cuales han resultado una forma de organización adecuada para resistir y defender los valores y tierras indígenas.

1.1. CASTAS

Hombre	Mujer
Busintana	Gwewkwa
Serankuatana	Gumuku
Geyninkekatana	Chacaimeina
Gunkuto	Gumuke

1.2. LENGUAJE

Su Lenguaje proviene de la familia lingüística **Chibcha**, el cual usa una estructura de oración **sujeto-objeto-verbo**.

Por ejemplo:
"Me gusta aprender de la Naturaleza y los Animales"

1.3. LOCALIZACION

Localizados en la Sierra Nevada de Santa Marta en el norte de Colombia. Los Arhuacos consideran la Sierra Nevada y sus picos de más de 5,700 m (18,700 pies) el corazón de nuestro planeta. Sus alrededores

Yowkuchu 45000 kawuwinde'rinikuya ni.

Kuggi mucheygumuri, **kawirdu Gobernador**, kunari awungweyka winde'rigukaki nugga ni, ema neykari du kawi winde'rigusi awi keywuri ema iku na'ba winunkwey ka'gumu ikwey awiri kunsamu.

TANA

CHEYRWA	A'MÍA
Busintana tana	Gwewkwa tana
Serankwa tana	Gumuke tana
Geyningeka tana	Chukay tana
Gúnkutu tana	

WINÁSUYA

Winasuyari in'gweygwi tana ikugwi neyka **CHIBCHA** za'kinu'nase' zanu winasy nanno; azi name' awanundi ga'gónuga ya'bari waseykumuya, ínuki, waníkunu.

Ema zanuzana:
Ana'nuga awiri pinna chuzari uwa neyka kuriwiwna'júya ni.

WINKUYA'BA

Niwiúmuke Colombia za'kinuga azwurunkiay úmunukunu sierra nevada aya'ba winkuya ni. Iku arhuaku neykase'ri kwímukunu nusi jun iyunusi zanun nugeykari ema ka'gumu aju zujwawika winunka'chwuya ni. Ana'nuga, je,

---

[3] Autoridad Civil del Territorio/resguardo

conforman un sistema complejo que ayudan a mantener el balance con nuestro ecosistema.

Los Arhuacos, o Pueblo Ikʉ, son descendientes Tayronas, tribu indígena que habitaba en las hoyas de los ríos Don Diego, Palomino, Buritaca y Guachaca, en la Sierra Nevada de Santa Marta.

kʉnkʉnʉ, kwímʉkʉnʉ, zari zoyaki nugga dikin a'kusʉn nugga awari warunhʉya ni.

Ikʉ arhuaku winneykari Tayrona tana winneykani, ikʉ tana Don Diego meyna, Palominu meyna, Buritaka awiri Gwachaka je swí yuri ʉwa meyna winkwana nanu nanno.

Colombia

Departamentos

Magdalena

La Guajira

Cesar

Sur América

En los textos:
Magdalena mi Departamento,

Cesar mi Departamento,
ISBN: 978-958-44-8313-3

La Guajira mi Departamento,
ISBN: 978-958-33-7511-X

Colombia mi Patria,
ISBN: 978-958-44-8314-0

Pueden encontrarse más detalles sobre aspectos socio cultural, económico, histórico e incluso acerca de flora y fauna, de los Departamentos del Cesar, Magdalena y La Guajira, al igual que acerca de toda Colombia.

Son estos pues, lecturas recomendadas para el lector, el educador y los padres de familia.

Ema neykari emi mika'chónukwa ni.
Magdalena mi Departamento,

Cesar mi Departamento,
ISBN: 978-958-44-8313-3

La Guajira mi Departamento,
ISBN: 978-958-33-7511-X

Colombia mi Patria,
ISBN: 978-958-44-8314-0

Eymi na'ba ema kwey winzoya'ba wásʉya, ɨwisin winagawi zoya'ba wásʉya, mʉnágwi a'zari arunhey winnakʉn nuggan wásʉya, kwa kʉn ɟuna sírigʉn, aná'nuga sí neki, migʉnchona ɟunʉndi yʉkweyna emey za'kinugase' a'nikwʉya ni.

Ema neykagun, yʉkweynari paperi ya ɟúnʉyase' agawiwyʉn, ʉnkʉriwiwyase' awiri gʉmʉsinʉ zʉpaw winnanʉn nugeykase'.

Enseñemos y aprendamos unos a otros. Somos pueblos hermanos.

1.4. COSTUMBRES Y TRADICIONES
1.4.1. EL TEJIDO

Tejer es una labor tradicional que realizan especialmente las mujeres, aunque los hombres tejen sus mantas y gorros.

Es una labor que combinan con todas las actividades cotidianas, especialmente cuando andan por los caminos, en los ratos libres, y demás. Incluso, las niñas tejen hasta en los recreos de las escuelas.

Las mantas y las mochilas las tejen con lana de ovejo y algodón que hilan.

El fique también lo utilizan para confeccionar mochilas.

Las mujeres preparan hilo de algodón y de lana de ovejos para que los hombres fabriquen sus mantas, gorros y sandalias.

AYEY DUWINA'ZᵾNEYKA AWIRI KUNSAMᵾ INᵾ WINᵾNKISI ZOYEYKA

Tutu isi awkweykari nikamᵾ kunsámᵾse' kᵾnᵾna a'míazey nari kinki nanu nanno, cheyrwa ɉinari ayeygwi tutusoma winᵾnkisagwi awiri mᵾkᵾ winᵾngowgwi awᵾnki.
Nikamᵾ siggin, ayey du kᵾre'kusana nanu nanno ingeygwi awkwa nekawᵾnki, beki zweín nugge, ingᵾ mᵾnúkin kᵾzana tánᵾye', kwa eygumᵾn neki.

Gᵾmᵾsinᵾ a'miágᵾmᵾ neki arekwera nugga mᵾnᵾkin kᵾzana tánᵾye' ayeygwi isᵾya ni.
Mᵾkᵾ awiri tutu neykari weja awiri unkᵾ neykasin wináwᵾya ní.

Bechᵾ ayeygwi tutu winisᵾya'bagwi amᵾkᵾnhasᵾya ni.

A'mía ɉina neykari unkᵾ awiri weja winbúnsᵾya ni, emari neykari cheyrwa mᵾkᵾ awiri tutusoma winᵾnkisi awᵾngwasi awiri sᵾpatu sinᵾ ᵾnka'cho'sᵾngwasi.

1.4.2. TRAJE TIPICO

En la etnia Arhuaca, tanto el hombre como la mujer usan una manta completamente blanca o blanca con rayas, confeccionada por ellos mismos.

Algunos individuos ya compran dichas telas en almacenes de pueblos y ciudades aledañas.

Los hombres usan un gorro totalmente blanco que simboliza la nieve y junto con su cabellera larga representa las montañas y los arboles; por eso está prohibido para ellos cortarse el cabello.

El hombre usa el gorro a partir de los 14 o 15 años.

MʉKʉ WINAJʉYEYKA

Ikʉ arwaku winnʉna'bari, cheyrwa kwa a'mía ne gwa' awʉnki mʉkʉ winajʉya'bari bunsi kawi zʉn neyka ni, kwa bunsi kawi kigesi kwa ka'gesi nʉngwi ʉwa ni, ikʉnha winʉnkowna.

In'gwiri bunachʉkeyna ʉnwinʉnkisari awagwi ʉwa ni.

Cheyrwa ɉina neykari tutusoma winanisi neykani, eymari kunsamʉ rigʉndi ɉʉn kʉzʉna neyka ni awiri ságʉnʉ neykari gari kawi neykari kʉ́nkʉnʉ awiri kwímʉkʉnʉ kʉzʉna ni winguga ni; emey ʉwame' ʉnbey awkwa winʉka'nikwʉya nuki nanu neyka ni.

Cheyrwa neyka tutusomari in'gwi uga ma'keywa kwa asewa kʉttow kʉggi izánige' winde'sʉya ni.

1.5. ARTESANIAS

Las piezas artesanales que confeccionan son principalmente de uso personal, laboral y para el comercio.

Por ejemplo,
Las canastas son usadas para recolectar café, cargar las hojas de Jayo (Hojas de Coca), guardar la lana de los ovejos, etc.

Las mochilas son un elemento indispensable en su vida cotidiana.

También usan el pilón para pilar el maíz que es base de su alimentación.

Los instrumentos musicales más utilizados son el tambor, el carrizo y el acordeón.

GÚNUKUNU

Pinna gúnusin inu winunkawi rizoyeykari ikunha kingwi winunka'rika'munhasungwa neyka ni, nikámuzey nari awiri winunkungeykungwa nungwi uwa ni.

Eyma zanuzanari, katáwiri neki gow uwe'ri eymari café unkutakungwa, ayu takungwa, weja du unkawungwa awiri eygumunkuchu.

Tutu neykari siginkuchu inu owkumey zoya'ba kujunuya ni.

Ayeygwi pironusingwi in winunkichusuya ni zamu winunkure'ritasi uwa'ba.

A'kari jina winukunari uwaneykari kaja, charu kordion neyka ni.

1.6. DANZAS

Los Arhuacos realizan danzas para la diversión, en reuniones familiares y para la reactivación de las energías positivas con la naturaleza.

Por ejemplo,
Danzan en cumpleaños y matrimonios, bautizos, en la inauguración de nuevas casas, y para el beneficio de los alimentos y cultivos; y en algunos casos, para que la lluvia no haga daño y los cultivos se mantengan libre de plagas.

WINA'RIKWEWYA

arwaku neykari inʉ a'kweamʉ neykasin zeyzey winde'rikusʉya ni, ʉnkʉn ni'kumʉyʉn, in'gwi re'kwa winnʉna'ba awiri ánugwe duna neyka zaku ɉina neyka izeywámʉsi.

Eyma zanʉzana neykari, kwakumanin izeywámʉsi, ɉwa ʉnbónʉyʉn, ɉwa ʉnkʉkúmʉyʉn, urakʉ abiti agázʉyʉn awiri zamʉ ɉuna awiri chey neykazey nari; e'mʉnúri ɉewʉ wa'mʉsu' nanʉngwasi awiri cheyri chun dunanu neykase' wa'mʉ isu nanʉngwasi eney nisi rizoya ni.

1.7. EL POPORO

Es la representación mítica del hombre y la mujer. La calabaza es la mujer y el palito que lleva adentro es el hombre.

Lo utilizan sólo los hombres.

Los complementos del poporo son el Jayo y la cal. El polvo que contiene es a base de conchitas de mar procesada.

El **ambil**[4], que es una planta de la familia del tabaco, y que produce una miel muy particular, se mezcla con el Jayo y es usada para protegerse de la picadura de animales.

Los Arhuacos utilizan el poporo en momentos de concentración, reflexión y en la confirmación del saludo, en el cual intercambian hojas de Jayo o de coca que llevan en sus mochilas.

El Jayo es muy importante para los Arhuacos, ya que lo utilizan como llave para abrir las puertas y comunicarse con los seres míticos y con los dioses.

ɈO'BURU

Eyma neykari kunsamurigundi cheyrwa awiri a'mía zana neyka naní. Sori a'mía nari iwa kun so'kunuri cheyrwa nari.

Emari cheyrwa neykase' nukin zun uwa ni.

Ɉo'búruse' kunari zoyari ayu awiri ɉo'tinpusi neyka ni. Inpusiri ɉo'tinwu unkusinhakumana neyka ni.

Ɉwa awgari, kun ɉuna tawaku awga tana neyka ni, eymari ayey awi bostesanari gunti mieri re'bónuya ni, eymari áyuse' ibiriri ukumuya ni awiri eymari mika'sá nanundi ana'nuga migukweyna muchey mikuniku nánukwa ni.

Iku arwaku awgari ɉo'búruri awutari arunhkwa kawa'ba' rigunchónukwa kawa'ba zun áwuya ni, winde'rimásuya kawari ayu winunkunta'sa re'pasi eymari guguwinde'tósuya kawa neyka ni, ziɉuse' ayu ka'punkwanasin.

Ayu neykari awutari a'zuna neyka ni, eymasin keywu ánugwe rigundi yawi zana' nari zaku ánugwe nari w'akun nugárigun o'kutu kumusénuya ni.

[4] Pasta de tabaco Criollo

1.8. LOS MAMOS

Los mamos son un complemento del conocimiento y sirven de intérpretes de la naturaleza y el universo.

Son consejeros, armonizadores y mantienen el equilibrio entre la naturaleza y el hombre.

Están al servicio de la sociedad y actúan como médicos y sacerdotes.

Por ejemplo,
Los mamos hacen un análisis al niño cuando nace, para determinar sus posibilidades de ser mamo; si el niño nace con el cordón umbilical envuelto en el cuello o en el brazo, es el primer signo de que puede serlo.

El mamo siempre viste completamente de manta blanca o de manta con rayas.

MAMʉ ɉINA

Mamʉ neykari kunsamʉ kwey zoya'ba kawanikwʉya neykan ni awiri ema zaku ásʉyeyka re'zágisʉn nugga neyka ni.

Gwamʉ yeyka zʉn neyka ni, tanʉzakusʉya zʉn neyka ni, awiri ikʉ awiri zaku ɉinasin dikin riwanʉn migwa'sʉkwa neyka ni. Re'masi neykazey nari neyka ni awiri wichamʉ chwagwi awiri pari zana' neyka ni.

Eyma zanʉzana:
Mamʉ ɉinari ema winchwʉya ni, zizi neki akʉnkawʉ neki ga'na a'mʉ kwa gákʉna neki imʉ nari kwakumʉndi eymari MAMʉ nisiza ni gwasiri Mamʉ nanʉngwa re'bónuya ni.

MAMʉ neykari mʉkʉ bunsi kawi kinki zʉn ʉnkʉcho'sʉya ni.
In'gwise'ri ka'gesi nʉngwi ʉwani.

1.9. ORGANIZACIÓN ADMINISTRATIVA

El primer lugar dentro de la organización administrativa de los Arhuacos lo ocupan los **Mamos**.

Luego está la **Directiva Central** que conforman cuatro miembros de la comunidad que cumplen las siguientes funciones: cabildo gobernador, fiscal, tesorero y secretario.

Sigue la **Asamblea General** donde participan los líderes de los cuarenta asentamientos de la Sierra Nevada de Santa Marta.

1.9.1. LA AUTORIDAD MAYOR

Es la Autoridad tradicional de la comunidad, persona que está orientando y defendiendo los intereses del pueblo ikʉ en todas sus trayectorias y luchas.

INʉ WINʉNKʉCHWI AWIZʉNA'BA WINDE'RIGU'NA

Inʉ winʉnkʉchwi awiza na'bari arwaku nʉnanke'ri **MAMʉ** keywʉ neyka ni.

Ey unayu nʉngwari **DIREKTIWU** jina keywʉ nanu nanno, eymari ma'keywa winnneykani, awiri diwʉn diwʉn nikamʉ winkʉnuna, eymari: kawirdu Gowernador, fiscal, tesorero awiri secretario.

Eymi pariri, **ASAMBLEA** awga keywʉ nanu nanno, eymari sakuku jina zʉnekʉ powru zʉnay winʉnni'kumey zoya ey agwaku nanno.

1.9.1 SAKUKU ACHʉNA

Sakuku achʉna awgari, mʉná powru ka'mʉkari, gunamʉ re'masi gunamʉ agisi zweín nugga ey awga ni. Pinna tanʉ a'zariza nanʉndi a'zari.

1.9.2. EMBAJADOR ARHUACO

Es un cargo que tiene las mismas características de un embajador o del canciller del gobierno colombiano. Lo desempeña un indígena Arhuaco, quien a nivel internacional y nacional busca el apoyo social, el reconocimiento y el respeto a los pueblos nativos.

Se encarga de gestionar proyectos que beneficien a su etnia y trata de recuperar las tierras que les han sido expropiadas y que les pertenecen desde sus ancestros.

ARWAKU EMBAJADOR

Emari ikʉ ne'ki Embajador kwa canciller awga Gowiernuse' kʉnʉna neykasin akingwi nikamʉ kʉnʉna ey awgani. Ema nikamʉri ikʉse' kʉnari zʉnekʉ nay rigʉnsi jwi tasi neyka ey awga ni.

Eme neykari proyectu neki kʉremi'ri awiri ka'gʉmʉ neki asari awiza si neki asay nʉya ey awga na'nanno.

1.10. LEYENDA DE LA MOCHILA ARHUACA

Según la leyenda, Atynawowa (Laguna Sagrada en la Parte alta de la Sierra - Madre de las Mochilas) recibió de la Madre Naturaleza el conocimiento para tejer mochilas, pero se comportó de una manera inconsciente y promiscua. Cuando su hijo creció, la castigó y, en consecuencia, ella tuvo que representar en diversos diseños de mochilas, las diferentes leyes morales que las mujeres deben saber, respetar y cumplir a cabalidad.

Una mochila es dada a cada mujer en el bautismo para significar que «sin su mochila, la mujer no tendría sabiduría» y que «tejiendo una mochila ella aprende valores culturales». En esa labor, ocupa entre 6 y 10 semanas.

Los hombres mayores no elaboran mochilas.

Los Arhuacos llevan consigo tres mochilas: una para el popero y el ayo del saludo; cuando hay que llevar regalos utilizan otra; "la tercera" es la más importante porque es donde llevan los elementos de uso personal. Esta mochila hace las veces de bolso, cartera o neceser en las mujeres occidentales y de maletín ejecutivo en los hombres.

KUNSAMU TUTU ÍKUZEY WASEYKUMUYA.

Kunsámuse' waseykumuyari, (Atinawowa tutu zaku) emase' keywu tutu isamu neykari a'gowna ni, ey ukwe'ki du neki nanu nari du niku nari in'gwi in'gwi cheyrwa a'zari zoyanari gunti gumusinu gosa zoyana. Gumusinu kinaya ukwe'ri zi a'zey awiri, ey anuweykasdin, ari pinna juna tutu cho'samu anukuriwiana, arunhey awkweyka, a'mía neyka ema awi zwein pana únige'; awiri ema neykari ayey wazweingwa nari.

Tutu neykari ingweti wekumana neyka ni, a'mía neyka tutu isu nanundi emari arunhey awkweykari kinay nari zorizani, emasindi pinna chow a'chwamu riwingwasi neyka ni. In'gweti nunay chinwa kwa in'gwi uga semana zune kuwisi zoya ni. Cheyrwa achuna neykari tutu isu neyka ni.

Arwaku neykari máykunu tutu neki a'cheygékuya ni: in'gwir ayu mussi, eymasindi ayu re'pasungwa, in'gwiri ínuki neki re'kawungwa rekusungwa kwa agakównige' neki rekusungwa. Ema neykari e'munu ne'ri muku neki rekupasi nayungwa nungwi uwa ni.

1.11. NABUSIMAKE

NABUSIMAKE

Es la capital del majestuoso y mítico universo Arhuaco. En un principio se llamó Busímake, que significa "Tierra donde nace el Sol".

Enclavada en una planicie a 2.700 metros sobre el nivel del mar, bañada por ríos y arroyos, es un lugar enigmático, fértil y hermoso que bien podría ser llamado el paraíso del Cesar, donde sobresalen la cascada o salto del Kurakatá y los pozos balnearios del Diablo y las Tetas.

El "Pueblito Arhuaco" como se le llama cariñosamente, es el centro de reunión de los cuarenta asentamientos indígenas que pueblan el macizo montañoso de

Ema neykari aúmʉ neykani, ema poeru arwaku neykazey nari. Kʉtʉnʉn keywʉri BISÍMUKE za'kinu'na ni, "ka'gʉmʉse' kakʉ Bunkwakukwi kwákumanin"

Ema neykari 2.700 metru nánʉkin warin zari nanʉn nugga ni, aya'bari, je swí kʉnʉngwi, awʉ'te kawa kʉnʉngwi, awi gunti du zʉn zʉna ni, aganke'ri pinzʉnay je uzweí nigga nani, eyma neykari, Kurakatá, pozo Diablo, awiri Tetas.

Ey ʉnza'kinugay eymanke'ri ma'keywa uga powru neyka ʉnhani'kumʉya ni. Zʉnekʉ zanʉ ʉnkʉgachori zoyeykari Magdalena, Cesar awiri Guajira neyka ni.

la Sierra Nevada de Santa Marta y están distribuidos en territorios de los Departamentos del Magdalena, La Guajira y Cesar.

En Nabusimake se analizarán los planteamientos futuros, se reflexiona y se toman las decisiones más importantes que tienen que ver con el mundo Arhuaco.

Nabusimʉkeri pinnagwi wrunhakumey zoyani ayaba'ri, mʉnʉ́ zʉ́nnige neki inʉ diwʉn niwi kʉnika awʉngwa neki nanu neyka ni.

1.12. ACTIVIDADES PEDAGOGICAS

1. Lee y analiza el siguiente mapa conceptual

NIKAMU

YA AWIRI MAPA AWAREY NEYKA WARUHA AWKWA

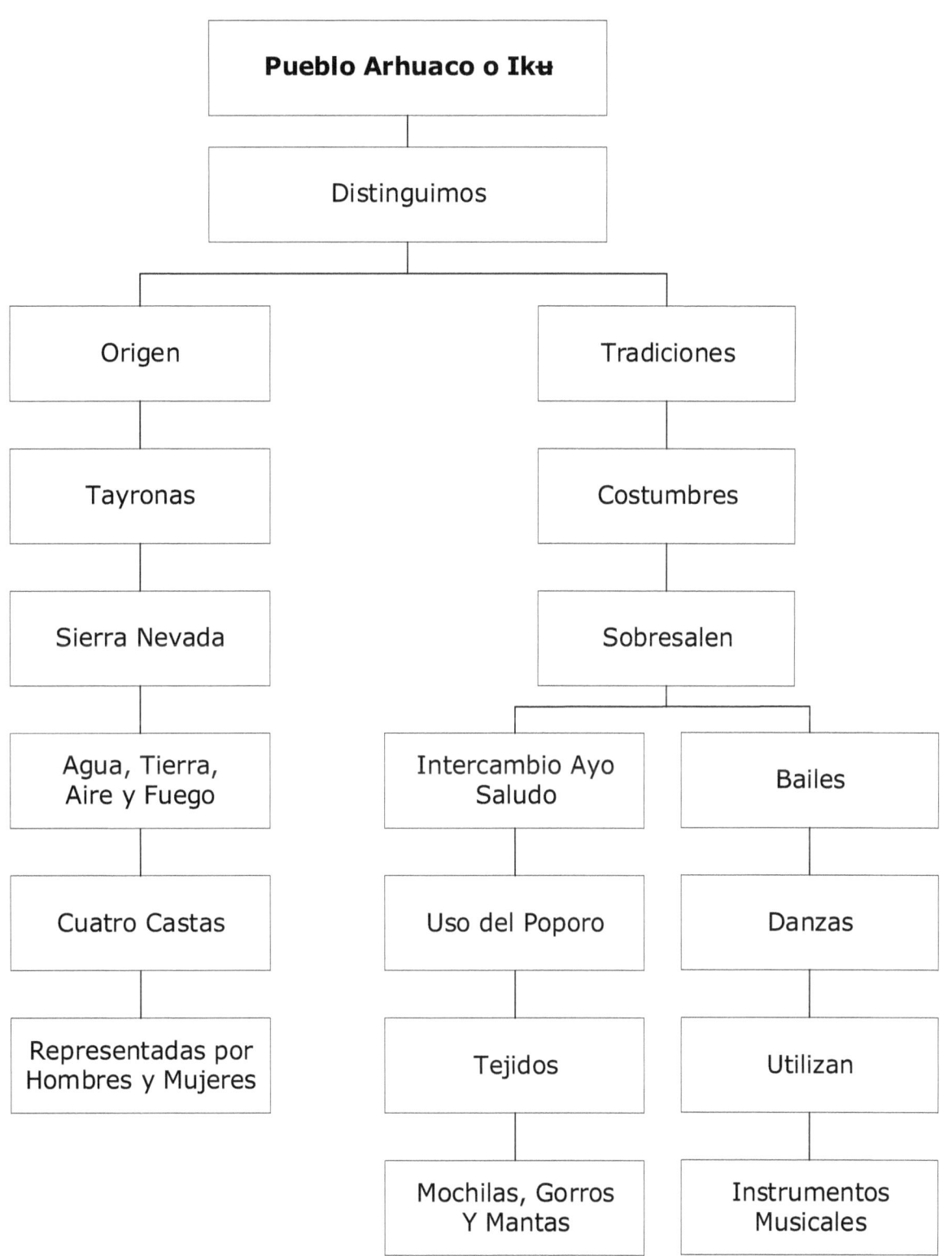

2. Relaciona las columnas
Escribe en el paréntesis la letra de la Columna "A" que tenga relación con el concepto expresado en la Columna "B"

Columna "A"
 a) Gumuku
 b) Mamo
 c) Poporo
 d) Mochila
 e) Carrizo

Columna "B"
 ( ) Utilizan solo los hombres
 ( ) Tejido
 ( ) Casta
 ( ) Instrumento Musical
 ( ) Consejero

3. Ideograma
Completar el siguiente gráfico

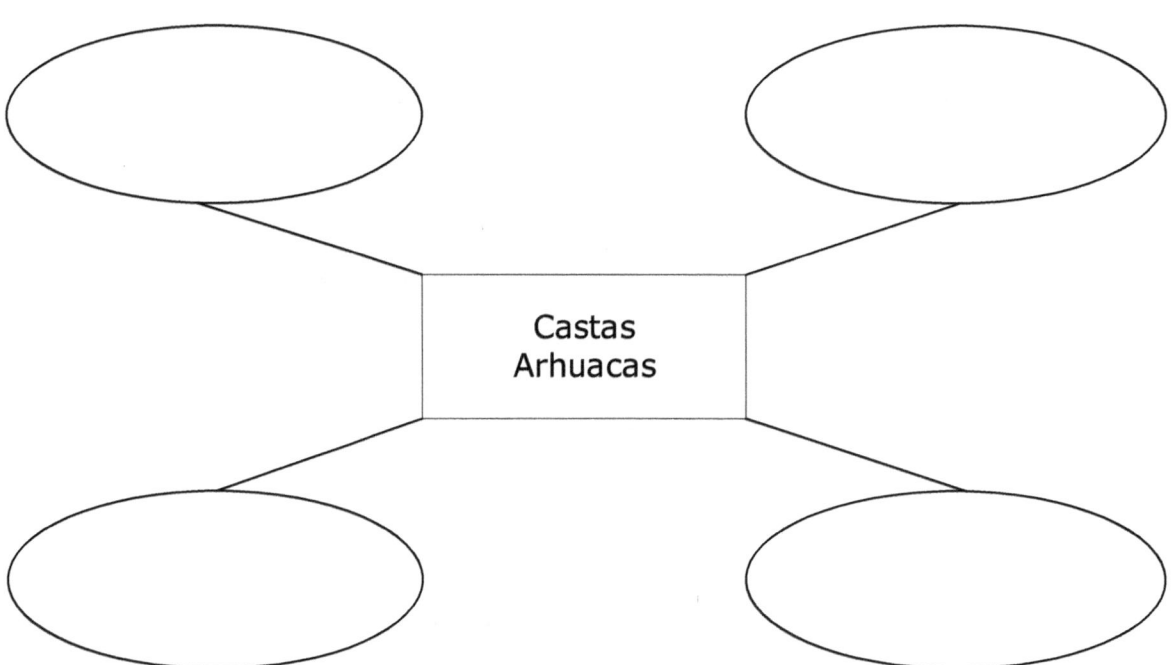

MATERIA, ENERGIA Y EL UNIVERSO IKU/ARHUACO

2. MATERIA Y ENERGIA

2.1. CONCEPTO DE MATERIA:

La ciencia occidental ha dado el nombre de **MATERIA** a todo lo que podemos ver, oler, tocar y saborear. Esto quiere decir que una piedra, una mochila, el agua, el aire, un pedazo de tela, un animal o una naranja, es **MATERIA**.

La palabra materia se utiliza para indicar todo lo que existe en el universo. Es decir, que todo el universo está formado de materia: el sol, los planetas, las nubes, las estrellas y la luna, también son materia.

Entonces podemos afirmar que materia es todo lo que existe, todo lo que nos rodea, todo lo que vemos y lo que tocamos.

CHUIKUNU AWIRI JUMUKUNU

CHWIKUNU ZAKA'NUGA

Kunsamu o'kurigun zánuri chwikunu (Materia) jwa kusaki nugari manunka yow chukwéy, re'busukwéy, tosukwéy awiri re'kusukwéy neyka gunti ey awga ni.

Emari azi zari eyzano awanundi in'gwi a'nu, in'gwi tutu, je, wamu, ingu binkin mukku, ana'nuga, kwa in'gwi tuzuwa chumi neykari chwíkunu nanu nanno.

Chwíkunu ikuka neykari emi yow es ka'gumuse' chwuzuneyka zaka'chósuya na ni. Ey awundi ka'gumuse' kununeykari chwíkunu gunti na' nanno: jwi, ka'gumu jina, muñu, wirako'ku awiri timari chwíkunuse' na ni.

Ey awundi, chwíkunu wasaykwa nanundi emi yow ínuki kwuyeyka yow niwinminaki nuga, yow chukwéy niwikununa neyka awiri tosukwéy neyka na' nanno.

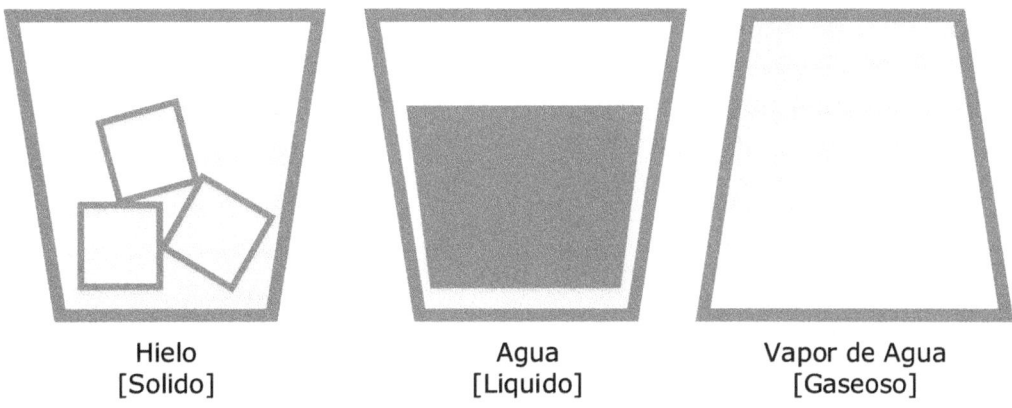

Hielo [Solido]   Agua [Liquido]   Vapor de Agua [Gaseoso]

2.2. CONSTITUCION DE LA MATERIA:

Toda la **MATERIA** está constituida por pequeñas partículas llamadas **ATOMOS**. Estos átomos se agrupan fuertemente para constituir el cuerpo de las cosas.

Se sabe, por ejemplo, que en una semilla de frijol existen millones de átomos. Podemos afirmar entonces que los átomos son partículas muy pequeñas que están presente en toda la materia para formarla.

Por ejemplo, si tomamos conchas de caracol y las trituramos, observaremos que quedan convertidas en partículas de polvo blanco muy diminutas. Esto quiere decir que las conchas de caracol están constituidas por partículas de polvo, Las cuales a su vez están constituidas por partículas más y más pequeñas hasta llegar a esas partículas mínimas llamadas **átomos**.

2.3. ACTIVIDAD COMPLEMENTARIA:

Dar otros ejemplos acerca de la constitución de la materia y graficarlo.

Finalmente diremos que los átomos pueden ser distintos en su forma, en sus pesos, en sus tamaños.

Así, por ejemplo, en el agua existen átomos de hidrogeno y átomos de oxígeno que

CHWIKᵾNᵾSE' KᵾNᵾNEYKA

Ʉya junari ney nanámᵾsin chu' nanᵾkwani ᵾyari chwikᵾnᵾsia za'kinuga ni. Chwikᵾnᵾsiari juma' nisi chwíkᵾnᵾse' kᵾnᵾna ni.

Eyma zana, niwigᵾnkuyari, ichᵾ zᵾwase'ri chwíkᵾnᵾsía sᵾmᵾ kᵾnᵾna nani. Ey awᵾndi chwíkᵾnᵾsía wasaykwa nanᵾndi umᵾngwi ney neyka chwíkᵾnᵾse' kᵾnanᵾn nuga in'geygwi nikᵾngwa.

Inᵾkise' kᵾnari zoya na' nanno. Ema zana nanᵾndi:

jo'tinwᵾ ingᵾ pey awkwa nanᵾndi ᵾnpey kumanari ingᵾ ey gwi ingᵾ kawi gunti wow nari bunsikawi chuzá' nanno; ey awᵾndi jo'tinwᵾri ey gwi ingumᵾn ney neyka awiriwow nari bunsikawi kᵾnanu nanno.

NIKAMᵾ KAWA'KUMᵾNGA

Ʉya zana neyka chuzᵾhasi awkwa ni, emi chwikᵾnᵾ kᵾnᵾneyka.

Ey unayu nᵾngwari chwikᵾnᵾsiari diwᵾ́n diwᵾ́n kawa ni yᵾkwasi:

Ema zana jese'ri chwikᵾnᵾsiari "Hidrógeno" za'kinuga awiri "Oxigeno" za'kinuga kᵾnᵾga ni chwikᵾnᵾsia jinari diwᵾ́n diwᵾ́n

conforman la materia "agua" o H_2O (lo cual significa que en cada molécula de agua existen 2 átomos de Hidrogeno y 1 de Oxigeno). Estos átomos tienen distintas formas, distintos pesos y distintos tamaños.

kau'nanno, mʉ jina a'zʉna'ba awir kawa'ba.

ATOMO DE HIDROGENO

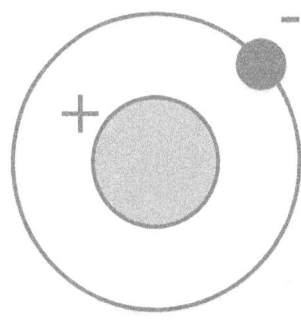

ATOMO DE OXIGENO

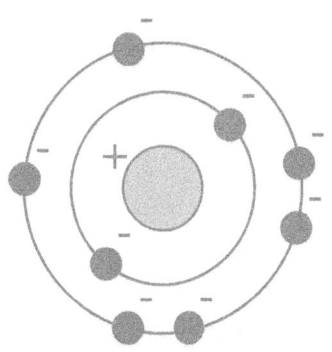

Otros elementos incluyen...

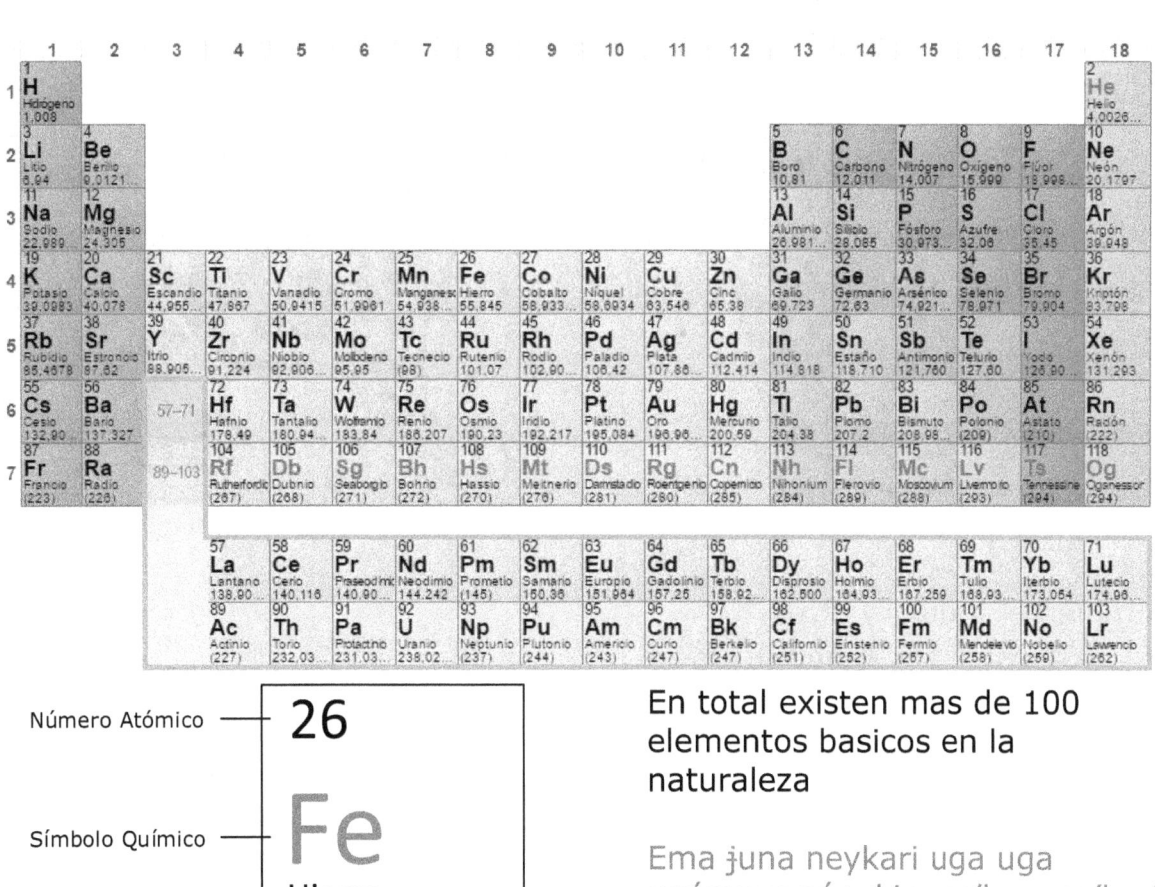

Número Atómico — 26
Símbolo Químico — Fe
Nombre — Hierro
Masa Atómica — 55.845

En total existen mas de 100 elementos basicos en la naturaleza

Ema juna neykari uga uga ugámuru nánʉkin wa'kʉzʉna'bari kwʉya ni.

2.4. ESTADOS DE LA MATERIA:
Comúnmente la materia se ha clasificado en tres formas o estados:

2.4.1. EL ESTADO SOLIDO:
Este estado corresponde a las cosas duras y fuertes como una panela, una piedra, un tronco, un hueso, un aguacate o una mochila.

CHWÍKUWU JUNA

Chwikunusía eygumun kinki jwa'kumuyeykari máykunu juna nánukin re' basaki nuga ni.

RICHU NEYKA JINA:
Ema jinari inukí richu neyka ey awga ni. Ema zana panera, a'nu, kun, wesu, awakati, kwa tutu, ayu jinari, richu nariri tosukwéy gunti na' nanno.

También el Jaguar y otros animales se encuentran en estado sólido.

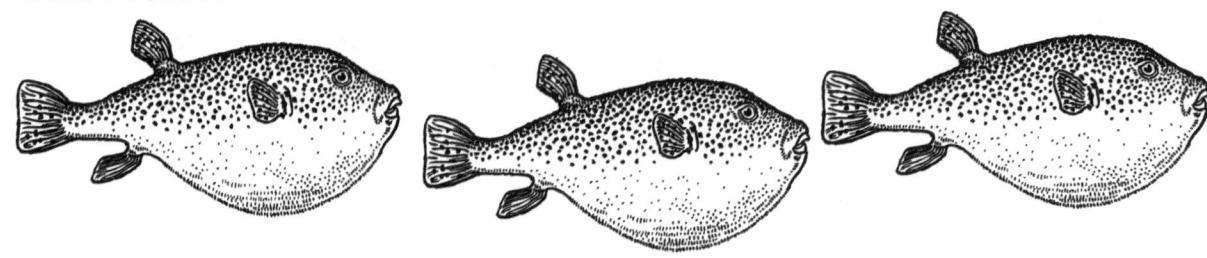

2.4.2. EL ESTADO LIQUIDO:

A este estado corresponde el agua que corre por los ríos, lagunas y mares. La leche que se extrae de la vaca también pertenece al estado Líquido.

ɈE NEYKA ɈINA:

Ema ɉina neykari ɉe nanʉn nuga na ni. Ɉe swi, Ɉiwʉ, awiri mʉkuriwa. Tu neki pakase' a'dunna ɉe neykase' kʉtwínuga ní.

2.4.3. EL ESTADO GASEOSO:
Está formado por las nubes, por la neblina, por el humo que sale de la leña cuando es quemada.

WAMʉ NEYKA ɈINA:
Ema ɉina neykari mʉñʉ, kʉgey, awiri zacha kʉn púnʉye' a'chuna neyka ni.

2.4.4. CAMBIOS DE ESTADOS

En la naturaleza, la materia constantemente sufre transformaciones o cambios. Por ejemplo, al hielo (siendo solido) puede derretirse y volverse líquido.

CHWÍKUWU JUNA UNTA'KUMUYA

Ka'gumu niwinmi'naki nuga'bari chwikunuri unta'kunkumey zoya ni. Je unkuchunna (jwabu, ageytu, jun) eygwi je nisi zoya ni.

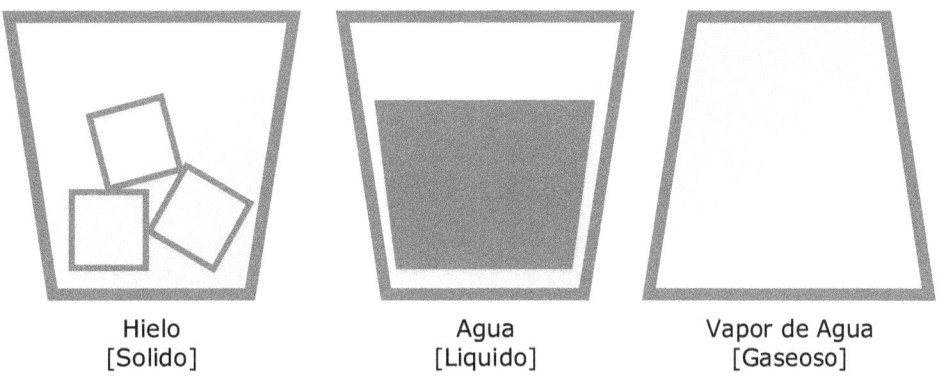

Hielo [Solido] Agua [Liquido] Vapor de Agua [Gaseoso]

Otro ejemplo:
El agua del rio o del mar puede calentarse tanto que, al evaporarse, se convierte en nubes (o forma gaseosa).

Iwa eygwi aykunuri je' swise' zanu kwa mukuriwari wamu nisiri muñu unniga ní.

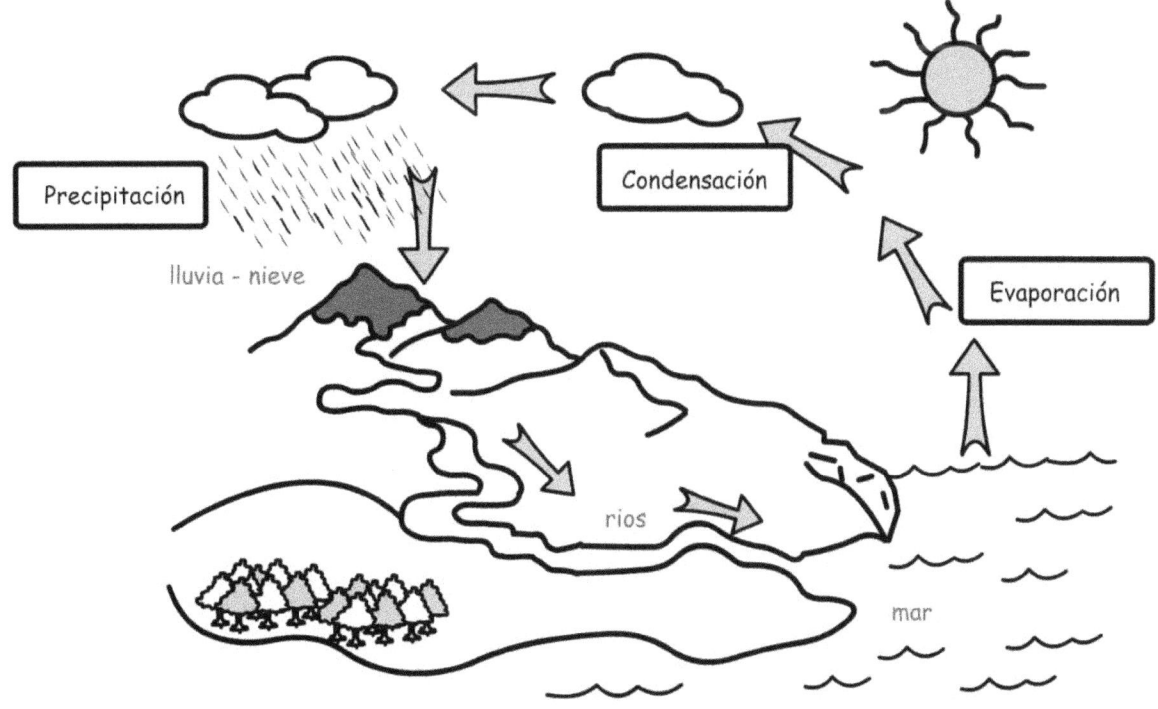

2.5. ACTIVIDADES PEDAGOGICAS:

Dar otros ejemplos en donde se vea un cambio de estado.
Intenta dibujarlo:

NIKAMU̶

U̶ya nanu̶ zana neyka eygwi áyku̶nu̶ eygwi chuzu̶nhasi awkwa ní.

2.6. CONCEPTO DE ENERGIA:

Veamos los siguientes ejemplos:

El sol puede secar la ropa.

El fuego es capaz de quemar una casa.

Un rayo puede tumbar un árbol.

Este poder que tiene el sol, el fuego y el rayo se le llama **ENERGIA**.

Podemos decir entonces que la **ENERGIA** es fuerza, poder, potencia, o capacidad que posee un elemento para realizar un trabajo o para producir cambios en si mismo o en otros elementos de la naturaleza.

2.6.1. CLASES DE ENERGIA:
La energía puede manifestarse de varias formas, por ejemplo:

En forma de Calor (el fuego)
En forma de Luz (el sol)
En forma de electricidad (el rayo)

Con esto queremos decir que existe varias clases de energía. Veamos algunas de ellas.

ɈUKᵾNᵾ
Ɉukᵾnᵾ ZAKA'NUGA

Ema zana neyka chwa úkura:

Geyri urakᵾ neki swa awiza ní.

Ɉwitinbiruri kᵾn neki wᵾsa awiza ní.

Ɉwi, gey awiri ɈwitÍnbiro eyméy níkᵾkwa kᵾnᵾnari.

Ɉúkᵾnᵾ (energía) za'kinuga ní.

Ɉumamᵾ ɉwise', geyse' awiri ɉwitinburuse' kᵾnᵾneykari ɉwíkᵾnᵾ za'kinuga ni.

Ey awᵾndi jukᵾnᵾri, jumamᵾ,

kumᵾ, neyka ni yu' nánᵾko.
Ikᵾri du kawi júkᵾnᵾ kᵾnᵾna na'nanno.

Ɉukᵾnᵾ Ɉuna
Ɉukᵾnᵾri diwᵾ́n diwᵾ́n gwi nari achwᵾzᵾnhasi zoya ni ema zana.

wiwi a' zari (Gey)
A'kisi nari (Ɉwi)
Geysia nari (Ɉwitimbiro)

Emi ᵾnchwᵾn nusiri jukᵾnᵾri diwᵾ́n juna ku' no. Bema no me' zari chwa úkura.

Carbón Nuclear Hidroeléctrica Viento Solar Biomasa

Petróleo Gas Natural Residuos Sólidos Urbanos Geotérmica Biogás Hidroenergía de bajo impacto

2.6.2. ENERGIA SOLAR:
Esta energía se encuentra concentrada en el sol y llega hasta la tierra en forma de luz y calor.

Esta energía puede aprovecharse para el cultivo, para secar la ropa, para iluminamos, para calentar el cuerpo, etc.

Se puede decir que la principal fuente de energía que tiene la tierra es el sol.

J̵UKU̵NU̵ J̵WISE' A'KISU̵YA
Ema j̵uku̵nu̵ri j̵wise' kunu̵na ni, u̵yari a'kisi awiri wiwi a'zari ka' gúmu̵se' kinkumu̵ya ni.

Ema j̵uku̵nu̵ri u̵nzariku̵kwa'ba, mu̵ku̵ u̵nku̵ du su̵kwa'ba, niwika'kisu̵ngwasi awiri gu̵chu̵ wiwi u̵nkakusu̵kwa'ba niwikamu̵kanu̵kwey niga ní.

Ey awundi ka'gu̵mu̵se' umún j̵umamu̵ ku̵nigari j̵wi na ni.

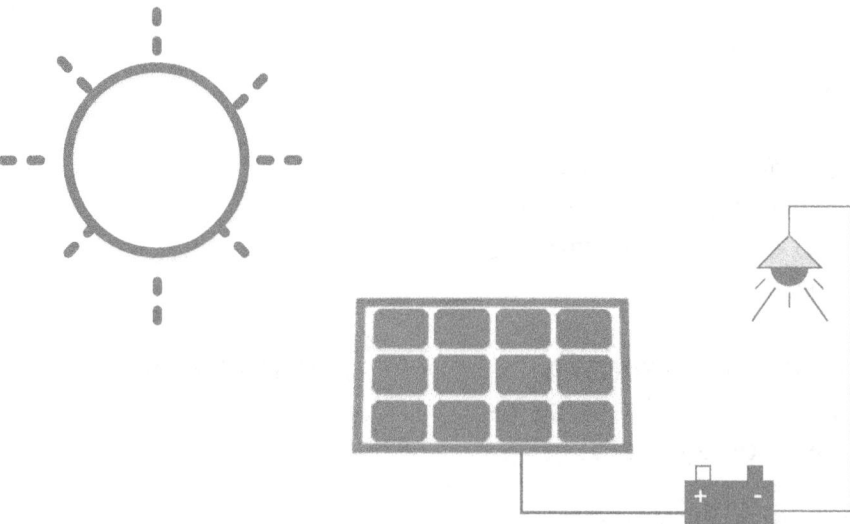

2.6.3. ENERGIA CALORICA:
Es la que posee el Sol y el Fuego. Con esta energía se puede, entre otras aplicaciones, secar la ropa, preparar los alimentos o calentar el cuerpo.

En la Sierra Nevada se utiliza mucho el FOGON para obtener Energía calórica de la leña o el carbón.

J̵UKU̵NU̵ WIWI A'ZU̵NA
U̵yari j̵wise' awiri geyse' ku̵nanu̵n nuga ni.

Ema j̵uku̵nu̵sindi mu̵ku̵ri u̵nkudusu̵kwéy nariza ni, zamu̵ neki j̵okwa, kwa gu̵chu̵ ku̵mu̵ mikakusa awkwey nisiza ni.

Umu̵nu̵ku̵nu̵se'ri gey mika'mu̵kanu̵ngwa awkwey niga ni j̵u̵ku̵nu̵ wiwa a'zu̵na niwi ku̵nanu̵ngwasi.

2.6.4. ENERGIA ELECTRICA:

Cuando está lloviendo, es común que caiga sobre la tierra un rayo. Estos rayos son capaces de derribar un árbol porque están dotados de Energía Eléctrica.

En las ciudades, la energía eléctrica es utilizada para poner en funcionamiento Televisores, Neveras, Estufas, Radios y otros aparatos. Esta energía es obtenida por "fuentes de generación eléctrica".

En la Sierra Nevada de Santa Marta, algunos pueblos gozan de luz eléctrica gracias a la instalación de Paneles Solares o redes conectadas a las fuentes de generación.

Pero, en locaciones más remotas, el uso de paneles solares suele ser más frecuente.

Estos paneles solares recogen la energía del sol y la transforman en energía eléctrica.

GEYSIA J̵U̵K̵U̵N̵U̵ K̵U̵N̵U̵NA

J̵e̵w̵u̵ wa'n̵u̵ye' ri jwitínbiro wa'rizáy na' n̵u̵nno.

J̵witinbiruri k̵u̵n neki w̵u̵sa awiza ni j̵úk̵u̵n̵u̵ geysia k̵u̵nari wa'n̵u̵yame' bunach̵u̵ z̵u̵powrubari. J̵úk̵u̵n̵u̵ geysiase' k̵u̵n̵u̵nari emi terewisor, newara zaruga'ba, radiw awiri bema neki ka'm̵u̵kan̵u̵ngwás̵u̵ya na ni. Ema j̵uk̵u̵n̵u̵ri ̵u̵yase' kinki nari bunna'ba pari win̵u̵k̵u̵n̵u̵na ni.

Niwi um̵u̵n̵u̵k̵u̵n̵u̵se'ri in'gwi powru z̵u̵na'bari geysia ka'm̵u̵kan̵u̵ngwá'su̵ya ni, ̵u̵yazey kinkum̵u̵ya'ba (Panel Solar) ̵u̵yari jwise' pari j̵úk̵u̵n̵u̵ igusi awiri geysia ̵u̵nnisi zoya ní.

Ema eyméy nisi ̵u̵nta'kum̵u̵yeykari ey méy kawi chuz̵u̵n akum̵u̵ya ní.

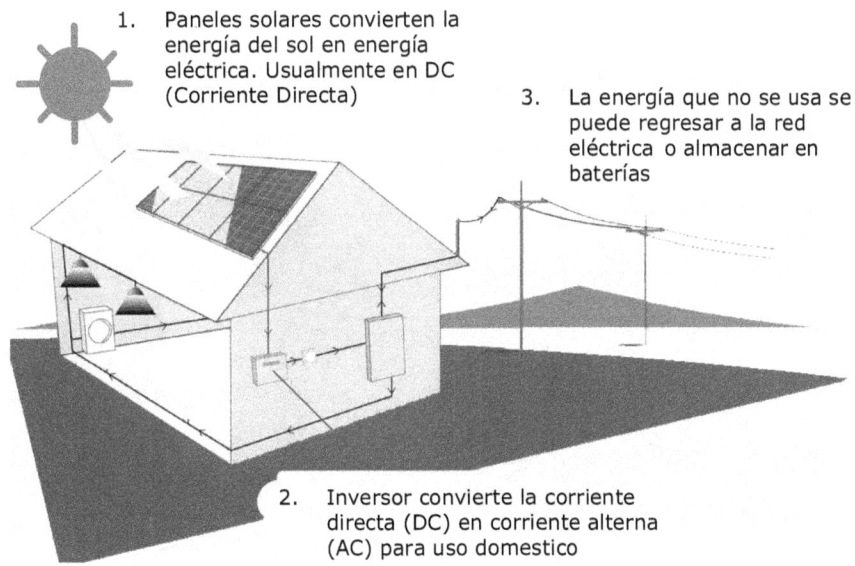

1. Paneles solares convierten la energía del sol en energía eléctrica. Usualmente en DC (Corriente Directa)

2. Inversor convierte la corriente directa (DC) en corriente alterna (AC) para uso domestico

3. La energía que no se usa se puede regresar a la red eléctrica o almacenar en baterías

2.6.5. LA ENERGIA HUMANA:

El hombre es un ser dotado de mucha fuerza, y de mucha **ENERGIA**.

Esa Energía que posee el hombre es obtenida del aire, del agua, y de los alimentos que consume. Si una persona no se alimenta bien, tendrá poca energía.

IKɄ ZɄJUKɄNɄ

IkɄ nɄnkurari jumamɄ niwikɄnɄna ni awiri sɄmɄ júkɄnɄ niwikɄnɄnagwi.

JúmɄnɄ ikɄse' kɄnari, wámɄse' jese', ka'se' awiri zamɄ gey ukumɄyase' niwe'wésɄya ni. IkɄ du zamɄ gu' neykari awɄ júkɄnɄ kɄnɄna ni.

Cuadro de Connie Gomez Lora, usado bajo su permiso

2.7. ACTIVIDADES PEDAGOGICAS:

Realiza las siguientes actividades:

1. ¿Qué diferencia hay entre energía eléctrica y energía calórica?

2. ¿En dónde se concentra la energía en el ser humano?

3. Interpreta mediante una imagen la energía que provee el sol a los seres vivos.

4. ¿Qué perjuicio y beneficio causan la energía eléctrica en la sierra nevada?

5. ¿Por qué es importante la energía del sol en el ser humano?

NIKAMʉ UKUMʉNGWA.

Ema nikamʉ neyka awa awkwa.

1. Be na'ba diwʉn kawʉnno ɉukʉnʉ geysía awiri ɉukʉnʉ wiwi a'zʉna.

2. Ɉukʉnʉri íkʉse'ri bemʉnke mikʉnánʉko.

3. Dibujusin zaka'cho awkwa, ɉwikʉnʉ ɉwizey, chʉká a'zʉna ɉinase'ri azi nisi a'mʉkanʉnno.

4. Ɉwikʉnʉ geysía neykari be na'ba wa'mʉ awiri du nanʉnno.

5. Azi name' ɉwikʉnʉ bunkwakukwizeyri ikʉse´ri chʉwi niggari nanno.

2.8. EL UNIVERSO
EL UNIVERSO (Lectura):
El Universo está conformado por cuerpos que brillan con luz propia que se llaman Estrellas; cuerpos que reflejan la luz del sol, llamados planetas y cuerpos que giran alrededor de los planetas llamados satélites. También se encuentran cuerpos de menor tamaño como los asteroides, cometas y meteoros, de los cuales aún se sabe muy poco acerca de sus trayectorias y composición física.

El Sol agrupa a su alrededor cuerpos de varios tamaños que giran, describiendo orbitas y reciben el nombre de planetas.

Se le llama Sistema Solar al conjunto de cuerpos formados por el Sol, ocho planetas y numerosos satélites y objetos astronómicos que giran directa o indirectamente en una órbita alrededor del Sol.

Los planetas de nuestro sistema solar son: Mercurio, Venus, Tierra, Marte, Júpiter, Saturno, Uranio y Neptuno.

Los planetas tienen varios tamaños y están situados a enormes distancias. Además, giran sobre un eje y al mismo tiempo dan vueltas alrededor del Sol. A dichos movimientos sobre su propio eje y alrededor del Sol, se les conoce como movimientos de rotación y de traslación respectivamente.

YꞰKWEYNA

Chꞹkímurwari, ka' diwꞹ́n diwꞹ́n neyka kꞹnꞹna ni. Ema neykari azey gey kꞹnꞹna, ꞹyari wirako'ku za'kinuga ni, ko' ɟwise' gey íwésꞹyé a'kisꞹyari ka'gꞹmꞹ, awiri ka' aɟwa ka'gꞹmꞹ tina mi'nꞹya, ꞹyari "satélite" za'kinuga ni, Eymi pari aykꞹnꞹkꞹchꞹri, ka'ri umꞹ́n ney neyka ayeygwi kwꞹya ni, ꞹyari asteroides, cometas awiri meteoritos winneyka ni.

Wirako'ku ɟinari acheynanke' ka' ney kwa grꞹ neyka ꞹnni'si zoya ni, ꞹyari azakꞹrigꞹn, mi'ri, ey ꞹweri eyma ɟinarí ka'gꞹmꞹ awga ni, (Planetas). yow ɟwi, ikawa ka'gꞹmꞹ kwꞹya awirí ka'gꞹmꞹ ingiti kawa nenꞹ́n ꞹnni'kumaki nugarí Sistema Solar za'kinuga ni.

Ka' gꞹmꞹ ɟina "Sistemas Solares" kꞹnꞹnari ema ni: Mercurio, Venus, Tierra, Marte, Júpiter, Saturno, Urano, Neptuno y Pluton. Ka'gꞹmꞹ ɟinari in'gwi umꞹ́n kawa, in'gwi awꞹ winna ni; ey awiri peykꞹ peykꞹ zꞹn winꞹnkꞹnꞹna ni. Ka'gꞹ́mꞹri a áykꞹnꞹ mi'ri kéywꞹri e' kingwi ɟwi gaka winimí'nꞹya ni.

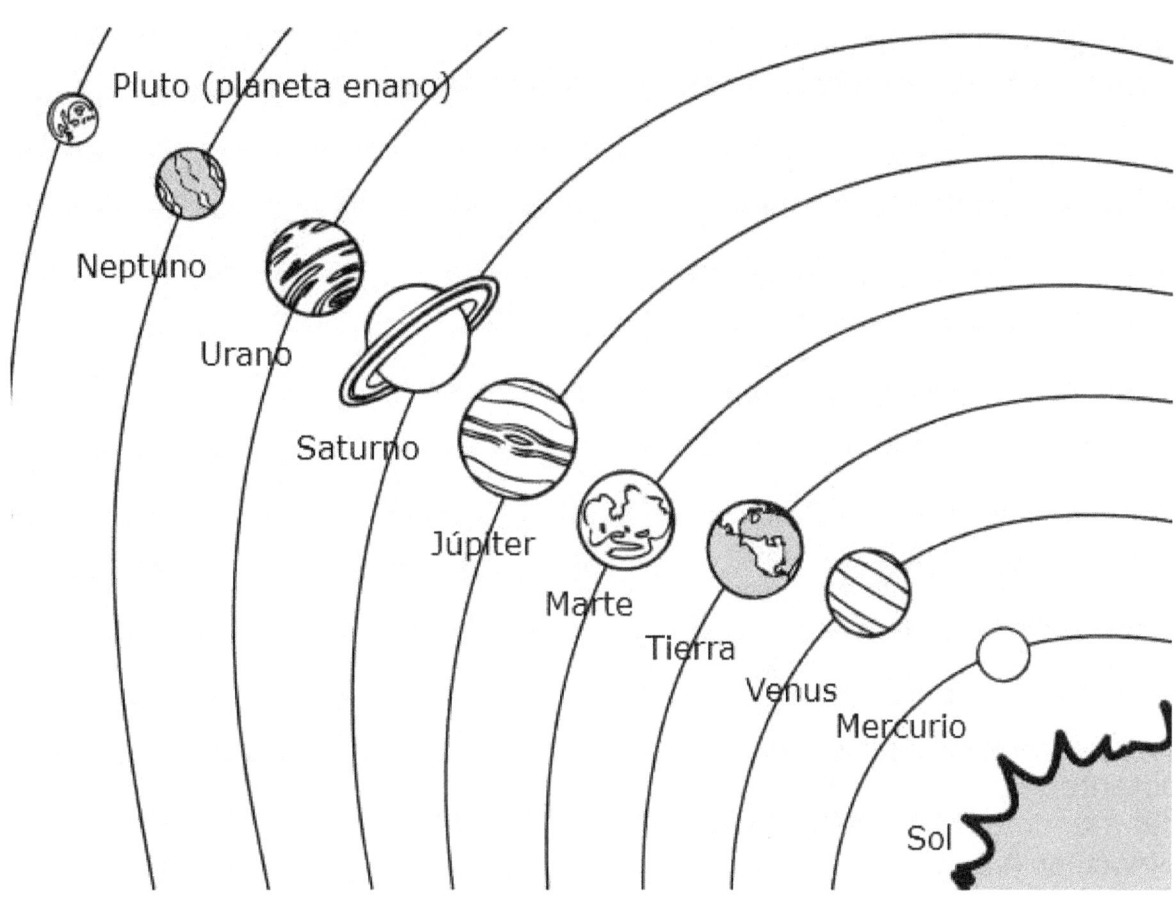

Nuestro Sistema Solar:

Mercurio
Venus
Tierra
Marte
Júpiter
Saturno
Urano
Neptuno

Pluto, o Plutón, fue inicialmente considerado el noveno planeta alrededor del Sol, pero realmente es un planeta enano en el cinturón de Kuiper, un anillo de cuerpos más allá de Neptuno. Fue el primer objeto del cinturón de Kuiper en ser descubierto alrededor de 1930.

Niwizey ɉwi zʉnhumʉnʉkʉ

Ema wirako'ku ɉina ikʉriggʉn neki eykigwi ɉwa neki ka'kumu'gwi ni. Bunachʉriggʉn zʉn ɉwa'kumʉyʉn. Merkuriw, wenu, ka'a, marte, jupite, saturnu, uranu awiri neptunu.

Pluton awgari kʉtʉkʉnʉn keywʉri ikawa naba'ba'gwi kʉnarizay izʉn ne'ki eygumʉngwi ingʉ́ kawámʉsindi eymi par anʉkʉki ukumana ni. Neptunuse' pari eygwi yamʉnkʉchʉ gun nanʉndi.

Las fuerzas que mantienen los planetas en su órbita son consideradas fuerzas gravitacionales, fuerza centrífuga y fuerza centrípeta.

Desde épocas antiguas el hombre se ha preocupado por conocer otros planetas y, a través de la Tecnología, ha logrado inventar instrumentos como el Telescopio que le permite observar a grandes distancias los cuerpos celestes. Los Telescopios de mayor alcance se colocan en sitios especiales llamados observatorios astronómicos.

Uno de los telescopios más potente y con mayor resolución del mundo es el Gran Telescopio Binocular (LBT por sus siglas en ingles), el cual se encuentra en el **Observatorio Internacional del Monte Graham, ubicado en Arizona, E.U.,** y está equipado con instrumentos de gran precisión para medir la intensidad luminosa de cada astro, calcular distancias, tamaños, fotografiar aspectos llamativos y estudiar fenómenos especiales. Otros instrumentos con los que cuenta este tipo de telescopio son el fotómetro y aparatos fotográficos.

Usualmente, las fotografías tomadas desde naves espaciales son enviadas a la tierra para su estudio. Esto ha permitido conocer datos sobre el Sol y nuestro sistema planetario.

Ka'gumu jinari mowga juna mi'nukweyna kununa ni "Rotación" awirí "Traslación","Rotación" awgeykari a áykunu mi'nuye', jwi "Traslación" awgari jwi gaka animi'ri zoye' ey awga ni. Ka'gumujina mi'nun gwa'suyari; kumamu jumu a'nikwuyeku zu'n zunana ni uyari "fuerza gravitacional" zaka'cho'kumu' no; uyarí jumamu "Centrífuga" awiri jumamu "Centrípeta", ema mowga juna jumamu neyka kwuyame' zun, ka'gúmuri uya'ba ta kinki unmi'ri zoya ni.

Birin pari Iku arunhey ukureykari umún ínuki ajwa jwa'kumu' neyka re'tasi zoyanari zuname' iwari umún peyku wa'kun mígwa'sukwa neyka "Telescopio" za'kínuga winachunhaki nuga ni; uyari warin wirako'ku, tima kwa ajwa ka'gumu neki chwukwéy kunanun gwa'suya na ni. Uyagwi ne'ki umún wa'kukwey na' nikukin wa'kun gwa'suyari, áykunu kinki, uya kumuyeku Observaciones astronómicas ayeku chó'kumey zoya ni.

Ema, peyku wa'kun migwa'sukweyna umún jumu kununa neyka in'gwiri **MONTE DE PALOMAR (E.U)** ayeku kwuya ní, Ayari umún pinna juna ka' in'gwi ajwase' kunari zoya, kuríwin migwa'sukwéy neyka; gey a'kísuya, bin peyku winunkunano awanukweyna, ingú kwa gru nuneyka nenún, ínuki jwa'sunari arunhá me'kusukwey neyka naríkuchu kéywuri

Esta información permite a los científicos determinar tamaño, forma, temperatura, humedad, características físicas y químicas, condiciones de la materia, condiciones biológicas y demás características, de otros objetos astronómicos y las relaciones entre unos y otros.

ɟwa'kumu' neyka zʉn zoyeyka nenʉ́n yow migʉnchonʉn gwa'sʉkwéy nʉneyka eymekʉ ni. Uɟwa ayeygwí nari a'mʉkánʉya "Fotómetro" awiri "aretratu" ʉga chúnʉya eygwi nani.

Warin "retratu" ʉgachunhey ʉweykari eygwí emí anakwʉya'ba ʉnga'kumʉya ní; ʉyari du kinki kʉrigawín gwasi. Yow eméy awi birin wazweín nugeykari ɟwi kwa yow ka'gʉmʉ sí umʉ́n kʉrigawin niwigwa'sa awaki nuga ni. Umʉ́n winarunhʉya ɟina ayeygwi bin kao, azi kao, wiwi zano, kwa za' no, umʉ́n ɟe' kʉnari zoya kwa na'no, ɟina azi kawa no, kwa chwʉzari awa'ba nenʉn azi kawa no ʉwari pin sekʉnanʉkwéy gunti kʉnari zoya ní, ema ʉyéy awkweyna ey winʉkʉname'.

2.9. EL UNIVERSO: CONCEPTO TRADICIONAL IKUN:

En la cultura Iku, el Sistema Solar está conformado por los nueve pisos que hay de la tierra hacia abajo. Cada piso es de color diferente y pertenece a Madres distintas.

Para pasar de un piso a otro se deben sacar permisos especiales haciendo pagamentos a cada sitio.

A medida que se van pasando los pisos, se encuentran circunferencias, algo muy similar a la ubicación de los planteas en nuestro sistema solar.

En el sistema solar **IKUN**, de abajo hacia arriba, el primer piso corresponde a **KAMUNSA**.

Cuando un trabajo requiere cumplir con todas las reglas tradicionales, se deben pagar pagamentos desde nuestro suelo hasta donde está **KAMUNSA**.

En la actualidad se hacen pagamentos a nueve planetas.

En la cultura Iku el universo abarca todo, del suelo hacia abajo y del suelo hacia arriba, con astros y todos los cuerpos celestes.

La Madre del sol se llama **WITARINNATI** y el sol **BUNKWAKUKWI**. El Universo se conforma mediante estos y

IKUN A WIRI BUNACHU SI GA'KUNAMU KWUYARI

Niwi kunsamu siri "Sistema Solar" awgeykari, emi niwika'gumu undérigun re'nikwuyukin gwi neyka uyawar ni, uyari ikawa na' nó. I'ngweti nuneykari diwún diwún si kukumáy kau' nó, (zi', chumi, twi kwa bunsi); ey áwiri uyari azey azey gwi zaku winikwuya ni. Tikurigundi i'ngwi re'nikwuyun pari ujwun unkuzagichukwasirí enunay narigwi ízasánukwa kau'nanno. Ingiti unkuzagichi re'nikwuyáy zweykwa nanundí mín mín kawi zoyaki nuga ní. Warín ka'gumu winukawaí ayeygwi kawa.

Niwi kunsamu siri kutukunun keywu ka'gumu unpunkwuyarí KA'MUNSA za'kinuga ni; ey uweri uyari aykunugwi apáw ikwey zwei'nó. Ey uwe'ri Mamurigun keywu a'buru kowkumupánuye'ri nukínkuchu tina akwuya'ba pari ka'munsa síkukin íazasari wazoya ni. Iwari yówkuchu ikawa ka'gumu neyka ízasari wazwei' no.

Niwikunsamurigun a'bori una sírigundi pin ínu chwuzari uwa neyka Ka'gumu chukímurwa (Universo) awga neykari, emi akwuya'ba pari kutukunárigun awiri yow ku'nawakin wirakó'kusin, jwisin, timasin ajwa ka'gúmusin pínkuchu uya gunti niwikizuna ni.

UTIBUNNA (estrella Polar), **UKWU** (los Reyes Magos), **MONUKUNU** (Estrella que brilla mucho en las madrugadas) y **NAMTYAWIKU** que eran mujeres del Sol.

JWIKASINTANA es la Madre de todo lo existente, por eso los grupos étnicos tienen los mismos lugares de pagamentos; lo único que se cambia son los nombres debido a la etnia correspondiente (Arhuaco, Kogi, Wiwa o Kankuamo).

Jwi zazákuri **WITARINNATI** za'kinuga ni, iwa ari **BUNKWAKUKWI**.

Ka' gumu chukimurwari ema jina ayeygwí kununa ni, **UTIBUNNA** (estrella polar), ukwu (los reyes magos), **MONUKUNU** (estrella que brilla mucho en las madrugadas) y **NAMTUAWIKU** (que eran mujeres del sol).

JWIKASINTANA: Pinna chwu zarí uwa neyka zupáw na ni, ey uwame' niwi iku nunkureykari iba'kin zu'n zasari azoya ni, nukin diwún diwún zu'njwa jwa niwika'niku' nanno.

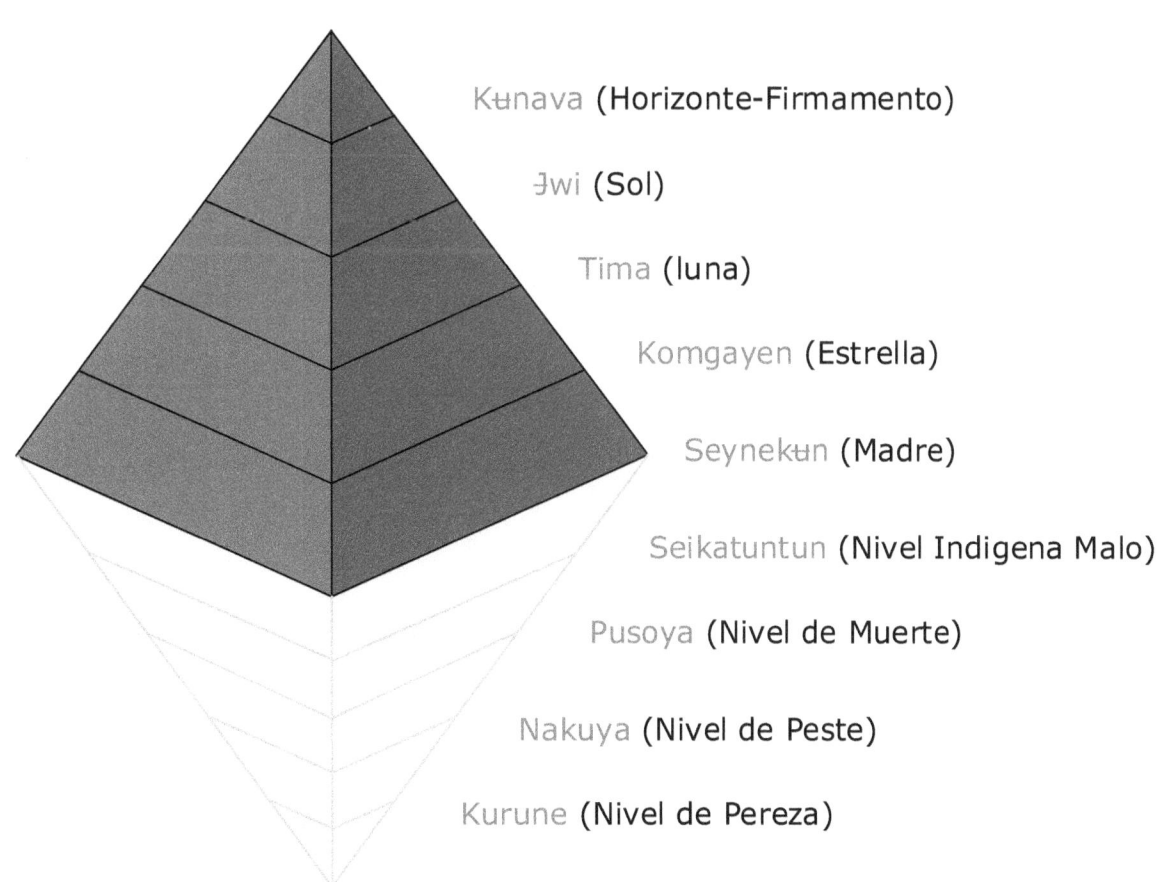

Kunava (Horizonte-Firmamento)

Jwi (Sol)

Tima (luna)

Komgayen (Estrella)

Seynekun (Madre)

Seikatuntun (Nivel Indigena Malo)

Pusoya (Nivel de Muerte)

Nakuya (Nivel de Peste)

Kurune (Nivel de Pereza)

2.10. ACTIVIDADES PEDAGOGICAS:

Qué relación hay entre el concepto BUNACHU (u occidental) y el concepto IKU sobre el Universo.

NIKAMU

Iku zu kunsamusí nasin Bunachu zu kunsamu sí neykarí ka'gumu chukímurwa sí waséykumey, ga'kunamu bema'ba muchéy unkunisi zoyo me'zari du sekunánukwa.

2.11. IMPORTANCIA TRADICIONAL DEL SOL:

El nombre Tradicional del Sol es **BUNKWAKUKWI**, el cual es muy importante para el Pueblo Iku.

Veamos algunas de esas características que hacen del Sol un ente tan importante.

El Sol hace su recorrido en un año de un punto hasta otro punto determinado. En algunos casos, nos damos cuenta que el día es más corto y la noche más larga; y en otros casos, ocurre lo contrario, la noche es más corta y Sol sale un poco más temprano.

Existen dos épocas muy importantes, San Juan y la Semana Santa, no en sentido de fiesta como se piensa hoy, sino porque son las épocas donde el Sol está esperando los pagamentos de la humanidad.

El hombre como responsables debe pagar por las Plantas, los Animales y todo cuanto existe en la tierra. Y este tributo, o pagamento, es ofrecido al Sol, pues es El quien esta iluminando todo, y nos brinda su energía para el desarrollo de las Flora y Fauna a nuestro alrededor.

Él está viendo todo lo que ocurre, y juzga los pagamentos y actividades del hombre. Es El quien determina si un largo

JWI MAMURIGUN A'MUKUNA:

Jwiri, mamurigundi "Bunkwakukwi" za'kinuga ni. Niwikunsamu síri du kwi a'mukuneyka zakuka'nuga na' no. Ey uwe'ri in'gwi juna zaka'cho' awundi.

Jwiri kugi zunukin i'ba nikwana'ba pari in'gwi eygwi áykunu unniga ni. Ey uwe'ki iwrui diwun nari dumuna ni, du chukwa nanundi i'munuri jwia'rí umún ko'kó zánikunó. Iwa neki uyeyki niku'nó. Jwiri munu' nayun nungwa a'zunasin munu'gwi áykunu unniku' no. Sanusi unnunáy nanu' nari.

Mowga juna zeywamu unkumuya kwuya ni, San Juan awiri Semana Santa, ey uwe'ki zeywamu unsi kweákuchu awi neki za'nari, jwi a'buru kanikungwasi ajwín wa'kun nugame', pin iku nunkureykase'.

Iku ánugwe niwikéy uwa neykari pinna juna aná'nuga, kun awiri yow chwuzarí uwa neyka, apáw jinase', a'buru kawi kinki zweikwey niga ní, jwiri a'kisun nusi keywuri, yow zarí uwa neykarí chwun nuga ni.

Jwiri niwe'zasisa uwa ni, tikki kwa jewu nekí untunhey zoye'ri, wichamu, zamu tikumey, pinna juna aná'nuga kwa kun wichi zoye'ri; ema yari eyzano e'zanundí, iku arunukwa kawi na' nanno (iku, bunachu pinna)

verano o invierno debe ocurrir; sus consecuencias, enfermedades, escasez de alimentos, y otras limitaciones han de ocurrir.

Hoy nos damos cuenta de la variación del tiempo que causa desequilibrio en la naturaleza. El verano sobrepasa los meses que le correspondían, disminuyen las lluvias y los nacimientos de agua se secan o disminuyen su caudal.

Otro aspecto importante es que el Sol tiene influencia sobre la mujer; así cuando una niña se desarrolla en mujer, el Sol no puede verla mientras el Mamʉ no le haga todas las ceremonias y reconozca a esa nueva mujer, como un integrante más de la humanidad. De allí en adelante, el Sol siempre la tendrá en cuenta durante toda su vida.

enʉnay ɉwi kʉzusi uzwei' name', na' nanno.

Iwa né sekʉnánʉkwa nanʉndi chwágʉmʉ za'nó, diwʉ́n diwʉ́n zarí zʉ'n ɉwi nʉyáy zari, pinna ɉuna aná'nuga kwa ikʉ nenʉ́n ʉnkʉre'kumáy zari, emi ka'gʉmʉ tina' ʉndeno'kukwa na'nu nari, tikki keywʉ nʉge'ri eygumʉ́n kinki ɉomʉ zʉn' awi ɉwi nay zoyaygwi, du ɉewʉ ʉnwa'nu' ne'ri beki ɉe'cho' zari zoyari ʉya ʉndu'ri zʉne kínkiri ɉe nʉkin kʉchʉ tikumey zoyáy nikuʼ no.

ɉwiri niwichwʉya ne'ri, ayéy kinki izasari uzwei' nanʉndi yow wa'mʉ sí awkwo sí'gʉn ánugwe niwikʉnikundi yow ase' mʉ kazániga ni.

SOL **ɉWI**

2.11.1. SIGNIFICADO DEL ECLIPSE SOLAR:

JWI RIGUYE' ZAKACHO'KUMUYA:

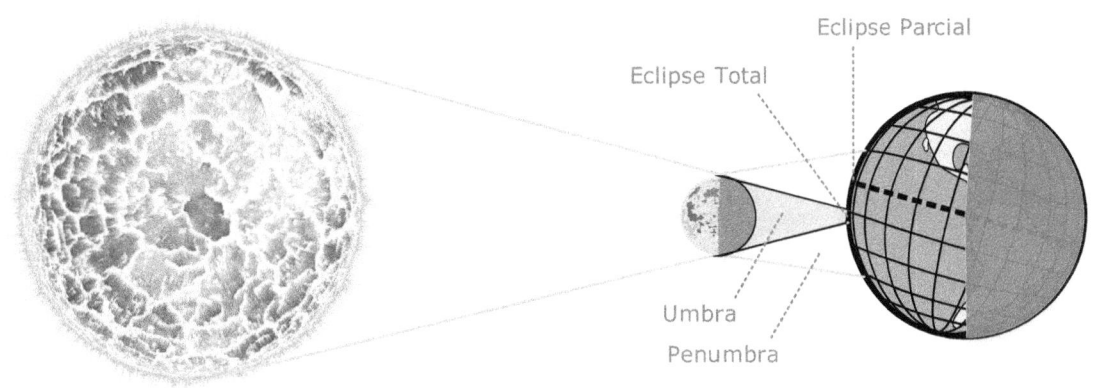

Sol
Jwi

Luna
Tima

Tierra
Ka gumu

Es preocupante cuando se presenta este fenómeno, porque toda la humanidad se ve afectada. Ocurre cuando no hay comprensión y desequilibrio con nuestro entorno. Las enfermedades y pestilencias llegan como enviadas del rio, invadiendo a todas las especies de la naturaleza.

En la cultura Arhuaca, el eclipse solar significa el acto íntimo de amor entre el Sol (como ser masculino) y la Luna (como ser femenino).

Emey zari (jwi rigey) zoye'ri iku nari nankwa'bari yow wa'mu zari chuzániga kawi neykani. Emey zánigari unkunpanu nari awiri gugin unkazanu nari zeykwase' zuna ni. Wichamu junari jeswí neykase' unakay nisi, zuneku a'pugeri zweínpuna ní, pinna chuká a'zuna wa'mu a'si.

Iku arhuaku nunkura'bari emey zari zoyeyka awgari Kaku Bunkwakukwi awiri zaku Bunkwanowasin i'ba nari winunzasanun nusi eyzunaní awga ni. (winde'riguzari)

2.11.2. SIGNIFICADO E IMPORTANCIA DEL ANILLO SOLAR:

JWI ZUSOMU AGUGEYKA AWIRI A' MUKANUYA.

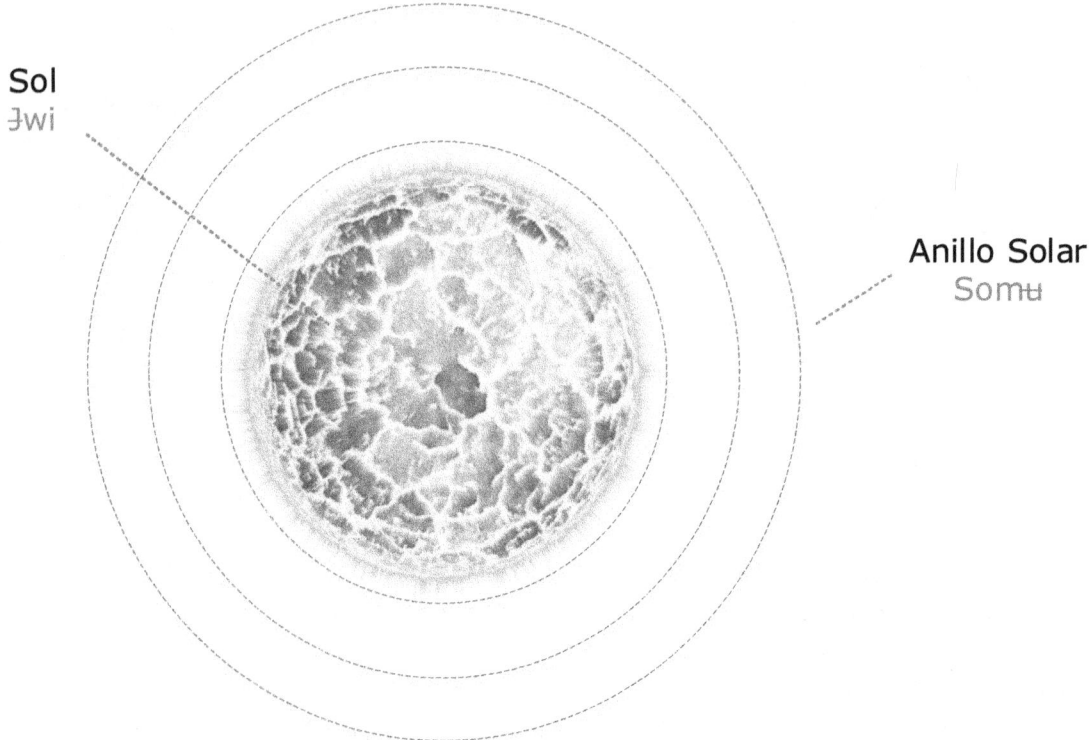

Sol
Jwi

Anillo Solar
Somu

El anillo solar es un círculo que algunas veces aparece alrededor del Sol. Puede presentar distintas formas y según el caso, podría tener distintos significados:

a. Que durante el día habrá lluvias fuertes que pueden causar daños.
b. Que se aproximan enfermedades, por lo tanto, hay que hacer pagamentos.
c. Que se trata de un buen tiempo para la siembra.

El nombre tradicional del anillo solar es **SOMU** o **SASOMU**. Y es el Mamu quien se encargará de determinar el significado de cada Somu.

Jwi zasómuri min kawi churo jwise' i'munu né unchó'suya ey awgin. Diwun diwun kawi achwuzuna suye'ri, uyari i'ngweti azey azey gwi zaka'nuga ni:

a. E' jwiase'ri du kawi jewu wanámusin tunha awungwasi ey zuna ni.
b. Wichamu kumu a'nisi naka awungwasí, ey uwe'ri uyari mamurigun péykugwi chwukwa niga ni.
c. Inguri du zaríkukwa zanungwasi ey zuna ni.

Ema eméy jwi churo uncho'suyari niwiga'kunamu siri somu kwa na' nandi SASOMU awga ni.

2.12. EL PLANETA TIERRA: MIWIKA'GUMUKA'

Es el planeta en el cual vivimos y se encuentra localizado en el Sistema Solar. Tiene forma esférica y achatada en los polos, casi como la forma de un huevo de gallina.

La Tierra (o Ka'gumu) está constituida por una parte gaseosas llamada **ATMOSFERA**, integrada por el Aire, la Brisa, las Nubes y otros componentes en estado gaseoso. Por una parte liquida llamada **HIDROSFERA**, formada por los Mares, Ríos, Lagunas, Agua Subterranea, el Hielo y la Nieve. Y, por una parte sólida llamada **LITOSFERA**, formada por Montañas, Cerros, Piedras y Rocas que conforman la superficie de la Tierra.

Ema ka'gúmuri niwi akwuya kinki ey awga ni, awiri emi ajwa ka'gumu jina richwuzanun nuga'bagwi chwu zuna ni. Ey uwerí min kawiri emun emun asakurigun unkutwí twi kawa ni.

Ari wamu neyka **ATMOSFERA** za'kinuga kununa ni, uyari wamu anúmkusi awkweyka, búntikunu awiri muñu awánukwa gunti na' nanno. In'gwi eygwi neykarí je' na uyarí **HIDROSFERA** za'kinuga, éymiri jiwu, je' swí awiri mukuriwa. Aykunu eygwi akowna neykari richu neyka **LITOSFERA** za'kinuga uya'bari kúnkunu, gwírukunu, a'nu awiri a'timoku uwanukweyna gunti rinanun nuku' nanno.

2.12.1. MOVIMIENTOS DE LA TIERRA:

El planeta Tierra posee dos clases de Movimientos:

El Movimiento de **Rotación** y el Movimiento de **Traslación**.

El Movimiento de Rotación da origen al día y la noche y tiene una duración de 24 horas.

Este movimiento se puede comparar con el que realiza el huso cuando estamos hilando.

El Movimiento de Traslación es el que realiza la Tierra alrededor del sol, teniendo una duración de 365 días.

El camino que recorre la Tierra durante la Traslación se llama **ORBITA**.

Este movimiento tiene como consecuencia la llegada de las **ESTACIONES** (invierno, primavera, verano y otoño).

En la Sierra Nevada de Santa Marta, el invierno y el verano, se tienen primordialmente en cuenta para las actividades agrícolas como la siembra y recolección de la cosecha, al igual que para todo lo relacionado a los trabajos Tradicionales. Por ejemplo: se realizan pagamento en la sequía para la socola, para la quema y para la cosecha. Se hacen ofrendas para que el verano no haga daño a los seres vivos. Así mismo para que el invierno no

KA' MI'RI AWA NEYKA SIRIGᵾN

Ema ka' gᵾmᵾri mowga juna mi'namᵾ kᵾnᵾna ni:

Mi'namᵾ "**ROTACION**" aguga neyka awiri "**TRASLACION**":

Mi'namᵾ "ROTACION" agugeykari ɉwía' awiri seía' zakusᵾn nuga na ni, ᵾyari mowga uga ma'keywa kᵾtów hora' zane' yow mi'ri zoya, ey awga ni.

Ema mi'ri ᵾwa neykari kurkᵾnasin ᵾnkᵾwákᵾkwéy na' nanno, beki si burenᵾn nuge'ri.

Mi'ri awkweyka "TRASLACION" awgeykari ka'ri ɉwi animi'ri zoya ey awga ni, emari ɉwi yow animi'ri, aykwárigᵾn ana'chona anᵾwe'ri, 365 (máykᵾnᵾ uga ugámuru chinwa uga asewa kᵾttow) ɉwia' zᵾne' yow mi'naki nuga ni.

Ingunᵾ ka' mi'ri zoyeyka TRASLACION awgeykari ORBITA za'kinuga ni.

Eméy nisi ka' ᵾnmi'ri zoye'ri diwᵾ́n diwᵾ́n zákusi zoya ni, tikki zakusagwi, ɉewᵾn zakusagwi, awiri i'ngwi aɉwᵾn zᵾneykari; OTONO, yow kᵾnachᵾ wa'ri zᵾne' iwa PRIMAVERA aye'ri yow kᵾn tínzizey kᵾnachᵾ du kawi ibónᵾye'. Ema tikki awi ɉéwari ka' ᵾnka'nikᵾn gwa'sᵾkwa'ba se rekᵾnánᵾkwey niga ni. Tikkise'ri chey ᵾngawkwa, ᵾnzaríkᵾkwa iwa ɉewᵾndí ananikᵾye' ᵾnᵾnkᵾtákᵾkwa', yow ema haga daño a la finca, a los cultivos, a los animales y a los seres humanos también. Las otras dos estaciones, primavera y otoño, no son muy marcada u observables en la región caribe colombiana.

nikamɨ neykari ánugwe nari ayeygwi aykɨnɨgwi mamɨrigɨn ɉwi kɨzusi chwɨkwa niku' nanno.

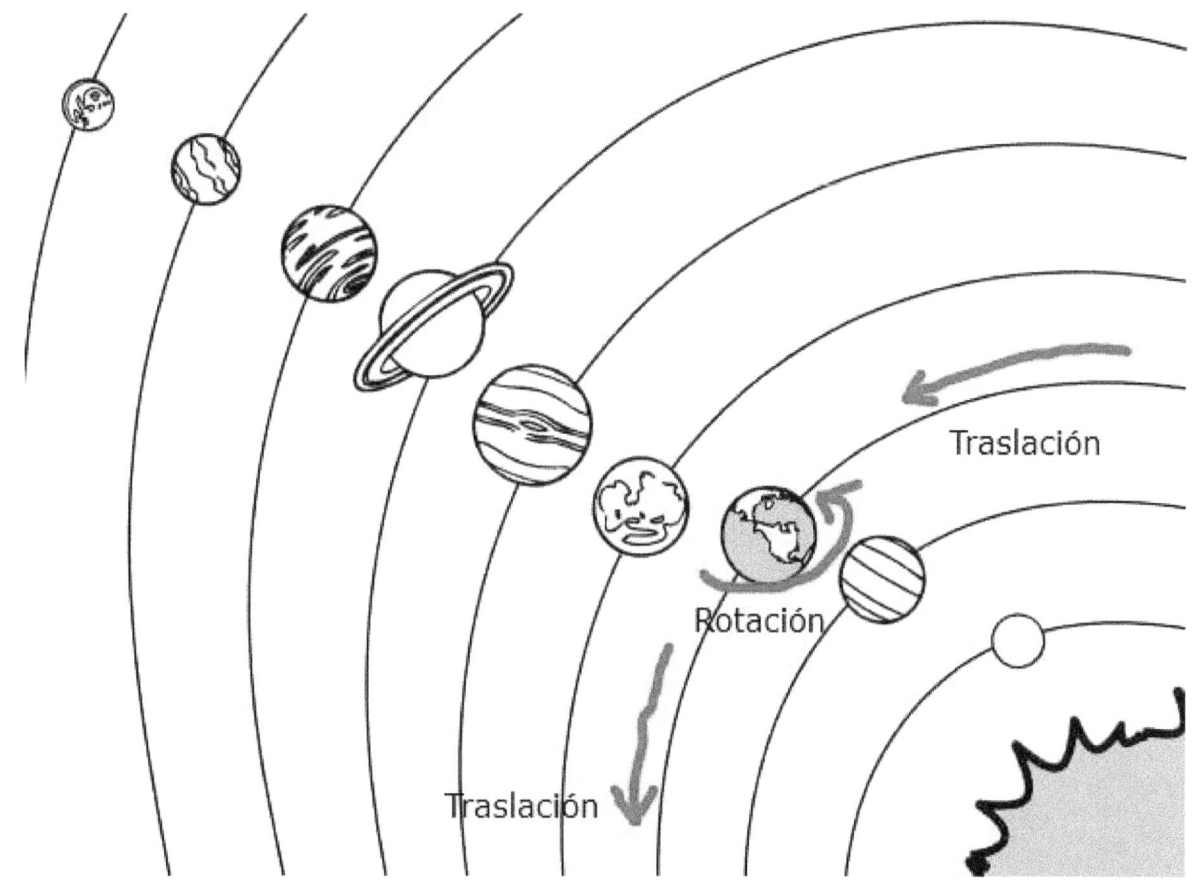

2.12.2. MOVIMIENTOS SISMICOS:

De acuerdo a la tradición Ikʉ, nuestra Madre **SEYNEKUN** dejó a cuatro hombres para que cargaran en sus hombros a la Tierra. Estos hombres fuertes y poderosos llamados **SEYMUKE** la han sostenido desde el principio y para que así continúe hay que realizar pagamentos. Cuando llegan los **KAMUNSA** o temblores, es porque no se ha cumplido con la ley tradicional y entonces se debe hacer la limpieza espiritual y los pagamentos para estar en paz con nuestros Padres creadores.

Los temblores tendrán un significado particular de acuerdo a la hora en que ocurran. Y nuevamente es el Mamʉ quien se encargará de determinar el significado de cada temblor.

En el pensamiento BUNACHʉ (o occidental) ese movimiento es conocido con el nombre de Temblor, Terremoto, Sismo o Movimiento Telúrico; y ocurre debido al movimiento de placas o capas tectónicas subterráneas

KA'MʉNSA ZARI ZOYE'

Niwizaku Seynekʉndi ma'keywa ikʉ, kwi'se' ka'gʉmʉ igekwʉngwa nari chusana na' no. Ema ikʉ rinanʉn nugari ánugwe nari peykʉ jʉmʉ a'nisi, agʉ́mkwʉya nanʉn nʉga **SEYMUKE** za'kinuga na ni, ey ʉwe'ri birin pari akínkingwi nasi ka' gʉ́mʉri azi niku' nari zweingwásiri tʉyéy kinki nʉnʉkin mamʉrigʉn chwʉkwa nisi zwei' nanno. Beki ka'mʉnsa keywʉ kínkumey zoye'ri apáw sikʉ enʉnaí kínki a'buru kanisi azwei' name' na ní. Ey awʉndi ʉyari azey azey gwi apáw íkwʉya name' ayeygwi nari izasánʉkwa kau' nanno.

Binzari ʉyéy ka'mʉnsa kinkumʉndi, ʉyarí ayase' togwi chwʉkwa tikkʉrigʉndi kawiza ni.

Bunachʉ zʉkunsamʉ sirigʉndi ema ka'mi'ri ʉwa neykari · "Temblar" "Terremoto" kwa "Movimientos Telúricos" jwa winʉka'nikwʉya ni.

Seymʉke

2.13. LA LUNA (Historia Tradicional):

La Luna fue creada por **KA'KUNMAKU** y **PUNA MEYNUN**. A ella la cuidaban bien y no la dejaban salir por miedo a que se la fueran a robar.

Cuando llegó mucha gente a cantarles a los Padres, ella aprovechó y huyó detrás del Sol. Ya iba lejos cuando los Padres se dieron cuenta y entonces le tiraron cenizas en la cara, y por eso su luz no es tan clara como la del Sol. La Luna igual siguió al Sol y no volvió más.

La Luna es portadora de muchos conocimientos. Ella también tiene influencia sobre la mujer, al producir en ella cambios fisiológicos, como estado de ánimo y ciclo menstrual.

La luna es la esposa del Sol y se visitan una vez en el mes.

TIMA (Kunsamʉ ikʉrigʉn)

Timarí ka'kunmaku awiri puna meynʉn apáw nari kwʉngwa re'gowna ni. Ari du achwiri use' pari a'chonʉn gwa'kumu' nʉnna ni, azageyza chow izari. Re'masi ikʉ aɉwa ɉina apáw.

Ka' zamayʉn anase'ri, eméy zanʉn núkʉkindi ɉwi zʉtʉkin kurenika una ni. Peykʉ ʉnzwein nuse' keywʉ apáw ɉinase'ri ke winʉwʉnna, ey uye' nʉngwari búnzʉga keywʉ kʉwitʉrinna; ʉyari umʉkʉna' a'pʉgere' neki ɉwi a'wasi kingwi zoya unáɉuri naku' nʉn una ni. Eméy nari búnzʉga a'pʉgeri una name' ɉwi narí kawi neki a'kissu na ni.

Timari ayeygwi du kawi kunsamʉ agúnkwʉya ni. Ʉyari a'mia sírigʉn waseykumʉya ní, ey ʉwame' eymari ɉwi zʉnha'mía náriri, tima zʉne' ʉnte windinachwʉya ni awga ni.

LUNA **TIMA**

2.13.1. LAS FASES DE LA LUNA Y SUS RELACIONES CON LAS ACTIVIDADES TRADICIONALES:

La Luna posee cuatro fases y en cada una de ellas se realizan distintas actividades tradicionales.

2.13.1.1. LUNA NUEVA

TIMA DIWUN DIWUN NIGE' A WIRI E' NIKAMUKU UKUMUYA

Timari ma'keywámuru nánukin unta'kunkumuye'ri, ayeygwi azey azey gwi nari nikamu junari awkwey niga ni.

TIMA AGUMU

En esta luna representa un tiempo óptimo para tratar enfermedades por medio de sobos o tratar alguna fractura.

También se puede purgar a los niños y adultos, ya que se considera que en este tiempo se expulsan más parásitos que en cualquier otro.

Tima agumu nanun nuge'ri re 'pinsi awkwa du neyka ni, ema timase'ri bema bema gwasi umún zi witésukwéy name'.

Ey uwame'ri wichamu sírigun rinachukwa ayeygwi du neyka ni, beki untwisi awkwa, kwa re' seri mikizunna nandi asirisi du re'kusukwa.

2.13.1.2. CUARTO CRECIENTE — TIMA INAYUN NUGE

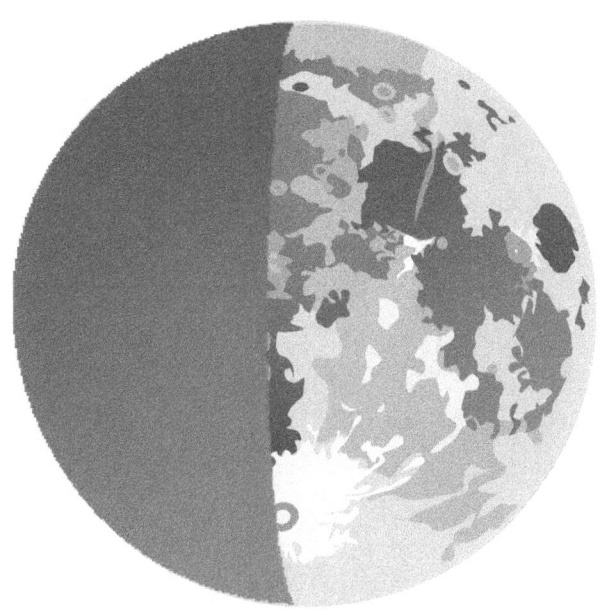

En este tiempo, la Luna ha crecido la cuarta parte de su tamaño y la otra parte permanece oscura.

Es buen tiempo para sembrar algunas plantas, y también lo sigue siendo para tratar enfermedades.

Iwame'ri (Ey ʉwame'ri) timari nʉkin ineyna neki na' na dikin na'nʉkin inʉyaki nuga ni, iwa in'gwi eygwi dikin neykarí chwʉzanu' nari churo' inuga ni.

Ey ʉweri ema timase'ri in'gwi kʉn zaríkʉkwa du neyka ru, wichamʉ chwi zweykwa du neyka ni.

2.13.1.3. LUNA LLENA: TIMA YOW CHWᵾZᵾNE'

Ahora la Luna está completamente redonda e iluminada. Es cuando más "alumbra" o refleja la luz del Sol por las noches.

Es buen tiempo para sembrar toda clase de cultivos, y se espera que produzca buena cosecha. También es buen tiempo para castrar animales ya que se estima no sangrarán mucho.

Emiri timari yow nᵾkin chwᵾ zári'ri nukin a'kísᵾya ni. Seía'ri umᵾ́n kinki a'kisᵾya ni.

Emiri pinna ɉuna zamᵾ ínᵾki bonᵾkweyna zaríkᵾkwa du neyka ni; eygwiumᵾn du kawi a'nikᵾya name'. Beki aná'nuga ᵾnwᵾ a'kwisᵾkwa ayeygwi, a'yari ᵾwame' ᵾmᵾngwi ɉwa witesu' na ni.

2.13.1.4. CUARTO MENGUANTE

TIMA U̶NWICHU̶YE

Después de la Luna llena, poco a poco la Luna empieza a disminuir su tamaño. Cuando solo se encuentra iluminada en una cuarta parte, y el resto aparece oscura. Se dice entonces que la Luna está en la fase de **CUARTO MENGUANTE**.

En la fase de Cuarto Menguante se debe cortar la madera para construir las casas. Esta madera sería más resistente a la polilla y al comején y además, muy fuerte y durable.

También es un tiempo bueno para la recolección de granos como el Café, Maíz y Frijol; debido a que no se anticipa gorgojo en esta época.

Tima yow chwu̶zu̶nna nariri, eygwi ɨwmu̶ ɨwu̶ndí ana'yuri u̶nzoya ni. Yow neki na' nari dikin zu̶'n ɨwise' a'kisu̶ye'ri Cuarto Menguante bunachu̶ sírigu̶ndi awga ni. I'ngwi eygwi neykari gumu̶ aniyú zu̶'n neyka ni.

Ema timase' tima u̶nwichu̶n nuge' ku̶n uraku̶ bonu̶ngwari beykumu̶ya ni. Ey u̶wame' ku̶n beykumanari rigu' gwawa neyka ni awiri beki karo'ru kwa zise' gu' gwawa neyka ni, eméy anawu̶yame' umú̶n richu̶ ki nu̶ngwi awiri umú̶n a'mecha ki awagwi zu̶'n u̶wa ni.

Anazari'na anu̶nku̶táku̶kwa ayeygwi du neyka ni, inu̶ ne gwáku̶kwa nanu̶ndi Kafé, In, Ichu̶; emari ema timase' ata'na ne'ri kunse' neki gu' na ni.

2.13.2. SIGNIFICADO DEL ECLIPSE LUNAR.

TIMA RIGᵾYE ZAKA'NUGA

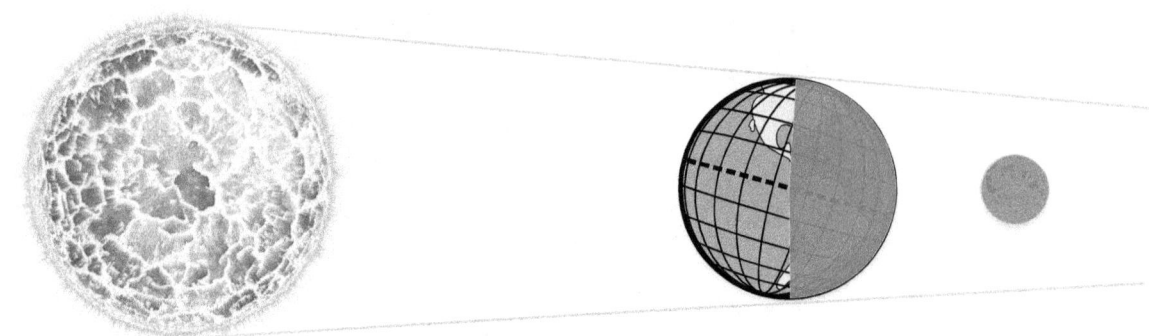

Sol
Jwi

Tierra
Ka gᵾmᵾ

Luna
Tima

El Eclipse de Luna es un fenómeno natural que se presenta cuando la Tierra, nuestro Planeta, se interpone entre el Sol y la Luna. Cuando esto ocurre, la sombra de la Tierra oscurece completamente a la Luna.

En latradición Arhuaca, este acto entre los astros significa el nacimiento de mujeres y también que las plantas darán excelentes cosechas. Lo mismo ocurre con los animales hembra cuyas crías se desarrollarán sin ningún problema.

Finalmente, diríamos que la Luna indica la fertilidad de la mujer y otros significados que solo los Mamos y Mayores, tienen la habilidad de reconocer.

Tima riga ᵾwin ikure'ri jwi nariri timasin winᵾnka'nikwᵾyᵾn niwi ka' gᵾmᵾ bᵾkᵾna nika ᵾwame' ey awgani.

Eméy zᵾneri, ka'gᵾmᵾ zᵾchuro'ri tima gumᵾ iyu awi jwi a'zániga ni:

Niwi kunsamásiri, eyméy zᵾne'ri a'mia winneyka kwakumᵾngwasi ey zᵾna ni, kwa kᵾn jᵾna neki du kawi zamᵾ a'nikᵾngwasi. Ayeygwi ana'nuga a'miasí zaká'nuga ni, ᵾya jinari agᵾmᵾsinᵾ anᵾ a'nusi, azi a' zanu' nari kᵾnanᵾngwa name' ey zᵾna ni. Aya ni.

Ey awᵾndi tima waseyniwiza nanᵾndi, timari a'mia zᵾzayᵾn neyka na' nanno, ay awi keywᵾri eygwi umᵾ́n, mamᵾ jina, umᵾnte kᵾzᵾna jina se'ri winwásᵾya na'nanno.

2.14. ACTIVIDADES PEDAGOGICAS:

Complementa tu conocimiento desarrollando las siguientes actividades.

1. Realiza un mapa conceptual sobre las fases de la luna.

2. Representa en una cartulina la fase que ve periódicamente y comparte con sus compañeros.

3. Investiga con tus padres. ¿Cuál es la fase de la luna apta para la siembra de alimentos?

4. Pregunta a tu abuelo. ¿Qué pasa si cortamos madera para la construcción en luna creciente? ¿Por qué?

5. Describe detalladamente lo que ocurre cuando hay eclipse de sol.

NIKAMᵾ

Ema nikamᵾ awᵾn nusi eygumᵾn kunsamᵾ kawᵾnka'sa awkwa.

1. Mapa conceptual awga gow awkwa, tima ᵾnta´kumey zoya sí.

2. Kartulinase' tima ᵾnta´kumey zoyeyka gow awkwa.

3. Mikakᵾ a'zasisa awkwa. ¿tima bemay nᵾnnige zamᵾ zarikᵾkwa du nanno?

4. Mizᵾrᵾmakᵾ a'zasisa awkwa. ¿tima agᵾmᵾ gekwánige' kᵾn urakᵾ bonᵾngwa beysᵾndi azi nikᵾnno.

5. `Zachᵾn a'sa awkwa ɉwi rigey zoye'ri azi zániga no.

FLORA Y FAUNA IKʉ

3. LA FLORA

3.1. OBJETIVOS GENERALES

Rescatar y valorar los conocimientos ancestrales a través del estudio de las plantas, la importancia que ellas tienen en la vida cotidiana y su clasificación tradicional de acuerdo a la utilidad y las leyes espirituales Ikʉ.

Resaltar la importancia de conservar los recursos naturales (las plantas), para así permitir un mejor desarrollo sostenible a generaciones actuales y futuras.

Conocer algunas de las características generales de las plantas y clasificarlas, de acuerdo a sus propiedades y a su utilidad.

Kʉtʉkʉnʉn re'nikwʉyʉn: kʉn ɉuna

Eymey kʉzari emari a'kumana ni izanʉngwa neyka.

Anizátikumana neyka anʉnkʉtasi awiri ɉumʉ kʉssi, kʉn ɉuna sí riwí ʉnzori; ema sí ikʉse' sigín ka'mʉkari ʉnzoya'ba ey awiri kunsamʉ sírigʉn re'bákumey anʉwa'ba, anugwesin ana'mʉkari ʉnzoyame'.

Ikʉ anʉwiwya ɉinari ʉnchwʉzari awʉyeyka kwa kʉ́nkʉnʉ anʉka'mʉkari ʉnzoya'ba ɉumʉ kʉssi zoyʉngwa, ey unige'ri abiti ɉinase' ʉnwinʉka'mʉkana awkwey nikʉngwasi kunsamʉ niwikʉnʉnáy anʉkʉriwín nuga'ba.

Emari a'zanʉn gwa'sa awiri ɉwa'sʉn gwa'sa, a'mʉkanʉya sí. Emi chwʉzari awʉyeyka riguzʉnhasa awiri azi nari kwakumana no me'zari ʉnɉwa'sʉn nusi, ey anʉwa'ba pari kʉchonʉn neki gwa'su' nari ʉyagun niwiánugwe awiri niwigʉchʉ ɉumʉ niwikʉsʉya name'.

Bema kʉn nenanki re'nikwʉyáy anʉkʉɉwa'si awkwa'ba zanʉ neyka.

3.2. HISTORIA DE ORIGEN (Lectura)

En un comienzo todo estaba oscuro, solo había agua, mar por todas partes. El mar era madre de todo lo que habría más tarde. Todo lo que existe materialmente, la madre lo poseía en su vientre. Luego vio necesario la vida material, y fue así como con fuertes rayos de **Bunkwakukwi** todo tomó color, forma, tamaño, espíritu, de acuerdo a la ley que la madre determino a cada ser.

En comienzo todo era gente, pero no de la misma raza. A cada raza le fue dejada una ley espiritual para transmitir la educación a sus hijos y para hablar con los demás; una lengua propia, la cual debería ser alimentada con el fiel cumplimiento de ellas.

Lamentablemente, muchas tribus comenzaron a olvidarse de sus deberes y optaron por apropiarse de las leyes ajenas. Entonces, estas tribus fueron elegidas para prestar un servicio más útil al hombre.

RIGA'WIYA'BA UZORI UKUMᵾNGWA NEYKA

Niwi niwe'zᵾneykari, umᵾnte a'zᵾna ɉinase' (gᵾmᵾsinᵾ zᵾpáw, mamᵾ, gunamᵾ, sakuku) a'zasíkumey nanᵾn nuga'ba riwiya ɉinase', emakin nanᵾn nusi ukumana'me, ema chwᵾyase'ri ᵾnɉwa'si kinki zweykwa.

Riwiyase' ema ingiti a'kumey wazoyanari winᵾkuriwi uzoriri, ema imᵾ neki nanu' nari, bunachᵾ sírigᵾn akingwi kᵾɉwa'si zweykwa ni.

Kwadruse' kᵾn pinna ɉuna re'bakumanari gᵾmᵾsinᵾ awí zoyase' ᵾmᵾ́n awkwéy kᵾnanᵾngwasi, ey anunige'ri re'riwiya ɉinase'ri paperise' yow a'sᵾn gwa'sa neki au' nari, ema zana ni yᵾkin kᵾnikᵾngwasi, ey anunige'ri riwiya ɉinase'ri kᵾn diwᵾ́n diwᵾ́n zᵾnekᵾ zanᵾ awiri kwᵾyᵾn zanᵾ winɉwa'si nanᵾngwasi.

Ema waséykumᵾn nugari gᵾmᵾsinᵾ awiyase' ka'mᵾkari zweingwasi, ase' ᵾnɉwa'si anᵾwa'ba pari umᵾnte a'zᵾna wina'zasisᵾyasin umᵾ́n kᵾriwiwkwéy winᵾkᵾnikᵾngwasi.

Había miembros que siempre demostraban afecto por querer curar, entonces la madre les dio el poder para que se convirtieran en plantas medicinales. Otros miembros pidieron que fuesen convertidos en reemplazo de materiales ceremoniales difíciles de conseguir y la madre vio que ello hacía falta y les otorgo el poder con unas leyes para su conservación.

Y así ocurrió con otras muchas cosas.

Al transcurrir varios años, la madre vio necesario establecer leyes para la alimentación, y creó las plantas comestibles, estableciendo unas leyes para su utilidad de acuerdo al momento, al lugar, al acto ceremonial, comunitario, familiar e individual.

BIRIN ZANʉ: KʉN JUNA KWAKUMANA (a'gwakʉkwasi)

E' kʉtʉkʉnʉndi sein zʉ'n zʉnna ni, je zʉn kwana, mʉkuriwari pinzʉnáy a'kwana. Ari pinna kwakumʉngwa
neyka zazaku nʉnna, yow iwa ʉnchwʉzʉneykari zakuse 'ri ase' zʉn kʉnʉnna.

Ey unari, túkindi ínʉki tina' chwʉzʉnhasa awkwey na' nanno a'zari núngwari kwi'magwe úncho'naju jwitinbiro **Bunkwakúkwizey** wúsana ey uye'ri yow ínʉki kaweyka, núneyka keywú chwʉzʉnhasana ey uye'ri azey azey kunsamú keywú winúnkúbasana.

E' kínkiri ikʉ áykʉnʉ zʉ'n anʉnna, diwún diwún a neyka, zákuri kʉnsamʉ azey azey chusana, ʉyari gʉmʉsinʉ winamʉsesʉn nugase' winʉnkawi ey zweingwasi, ajwa
ikʉsin winderimasayʉngwasi, awiri gʉgʉkʉnʉ azey azey gwi chusana. Ʉyari kunsámʉse' a'nikwʉyáy
winderino'kwʉngwasi. Ey anunari in'gwiri akunsámʉri ʉnchusi zweinpʉnna, ajwazey jumena ikwákumey zweinpʉnna; ey uye'ri eyma jinari áykʉnʉ ingʉ diwún nari
a'mʉkanʉngwasi agagu'na, in'gwiri ínʉki du re'kusʉkwazey aguzanáy nisi achwʉzʉnasana. Ey uye'ri zakuse'ri ʉya sí kunsamʉ a'wena (wichamʉ sí).

Las plantas fueron traídas por un mamʉ llamado **Najunna**. Este anciano sabio y venerable viajó al más allá en busca de su esposa que había muerto y el deseaba verla. Al llegar al sitio donde se encontraba su esposa, los padres espirituales le indicaron que el espíritu de ella se encontraba asegurado en una olla de barro tapada.

Además, dijeron a **Najunna** que, para llevarse el espíritu de su mujer, debía quedarse largo tiempo en actividades como cortar leña, limpiar fincas, y construir casas donde los suegros.

Entonces, para iniciar dichas actividades, fue a cortar árboles en el bosque y cada vez que golpeaba un árbol, se escuchaban fuertes llantos de dolor, lo mismo ocurría al realizar otras actividades; esto significaba que los trabajos no debían hacerse materialmente sino en

Iwa in'gwi eygwi aykʉnʉri mamʉrigʉn a'mʉkanʉngwasi achwʉzʉnhasana. Ey uye'ri ayéy kunsamʉ a'we ukumana. Kʉn ajwa juna neyka ikwʉngwasi.

Ey unájuri birin ʉnzanise'ri, zákuri: "ínʉki gʉkwéy neyka kwasa awamʉ kau' nanno", a'zare'ir, kʉnjuna gʉkwéy neyka kwasa una, ʉyari diwʉ́n diwʉ́n a'mekari wazweingwasi (i'ngwiri mamʉ sí, use' agʉngwa, pówruse' kwʉngwa).

Kʉn juna neykari mamʉ **Najunnase**' keywʉ una'na, eyma mámʉri achuná kawi kunsamʉ agʉ́nkwʉya gun nare'ri azwei' nʉnárigʉn keywʉ zoyana. Ʉnha'mía zʉnhánugwe jwéruse' gumʉ inisi wazoyaki nugame' ʉnkʉtakʉn zoyana. Eykʉ a'chore'ri ánugwe zʉpaw jinari – mazey a'míari zʉnhánugweri jwéruse' gumʉ a'pʉnsi du ukumaki nugin - kʉyana.

Nʉnkuzoyaki awiza nanʉndi sanusi kʉn biwkwa, wagawkwa, urakʉ gawkwa mikau' nanno wʉ'gwe keynakʉ - kʉyana.

forma espiritual, y entonces así lo hizo.

Luego decidió regresar al lugar de origen, pero antes quiso llevar plantas de todas las clases que él consideró necesarias para la vida humana.

Fue así como él tomó semillas de toda especie vegetal y las trajo consigo a nuestro entorno. Desafortunadamente esto fue visto como un acto de hurto por parte de la madre, y fue por ello perseguido por los guardianes espirituales.

Najunna con el afán de proteger las semillas, huyó separando en dos la vida y la muerte.

Nʉngwari keykumanáy keywʉ nikʉnpʉnna, kʉn bin keywʉ zoyana, kʉnkʉnakʉ a'chori beysiwa keywʉ a'zare'ri, kʉndi mawáy keywʉ yʉnpʉnna, áwiri aykʉnʉ níkʉkwa keykumana, uwa a'zare'ri ayeygwi zʉ'n yʉnpʉnna. Ey uye'ri nikámʉri tina'aiuna tikʉrigʉn zʉ'n awkwa nʉnna; ey uye'ri ayéy anunajʉ nʉngwari aykwárigʉn ʉnnaka uwa a'zʉnna, ey awe'ki kʉn pinna ɉuna a'mʉkʉna ikʉ keynakʉ kʉɉuna uzoya uwe du na' nanno

Así, luego de este origen, las plantas comenzaron a hacer parte importante en la vida humana.

Najunna, enseñaba la historia de las plantas a los miembros de su comunidad, mientras de igual manera realizó espiritualmente la adquisición de ellas ante la madre espiritual, dejando así unas leyes para el cuidado, uso y conservación de las especies.

a'zᵾnna. Eyméy nari keywᵾ zaɟuna pinna ɟuna una'na, ey uye'ki anugwe ɟuna zᵾ'n, kominsariwse' zagᵾn nuga awari, wasa keywᵾ winowna.

Najunnari zaɟuna ikwa uwa a'zanᵾn nusi íngᵾnu kᵾwi una kwᵾkwa awiri wíchᵾkwa re'basa una. Nakᵾbirᵾ kᵾwi'na, zoyᵾbiru zᵾ'n chusi. Eyméy nari keywᵾ kᵾn kwákumey ikᵾse' ka'mᵾkanᵾnpᵾ́nna.

Najunnari eyméy nari kᵾn ɟuna kwakumana ni. Agunamᵾ ɟinase' awiana, eyméy gwi nari zakuse'ri kᵾn a'we una (kᵾnsamᵾ), ᵾyari ayéy ᵾnkwazweingwasi chusana, chwi awiri chow a' chwi azweingwasi.

3.3. IMPORTANCIA DE LAS PLANTAS

Ante la madre espiritual, todos los seres vivos y no vivos tenemos igual importancia, y estamos relacionados para servirnos mutuamente. El Ikʉ ha sido escogido por la madre para cuidar los recursos naturales.

Las plantas son recursos muy utilizados por el hombre. Somos los que más nos beneficiamos de ellas. No solo nos sirven para alimentarnos, sino también para satisfacer otros menesteres en la vida diaria, tales como: construir, curar enfermedades, para teñir, para hacer pagamento, etc.

Por eso tenemos el deber de cuidarlas, protegerlas con las limpiezas espirituales y con los pagamentos a la madre como un acto de agradecimiento por lo que ellas nos brindan.

KʉN JUNA A'MʉKANʉYA

Emi pinna juna ka' gʉ́mʉse' kwʉyeykari, zaku jinasindi akingwi a'zʉnkura ni. Ey ʉwame'akingwi kwʉniwiza ni. íkʉri pinna chwʉkwa nari zakuse'ri a'guna ni.

Kʉn junari ikʉse'ri akingwi a'mʉkanʉn gwa'kumʉya ni. Manʉnka'ri umʉ́n kinki niwi ka'mʉkʉna na' nó. Ey ʉwe'ri zámʉse' zʉn neki niwi ka'mʉkanu' neyka na' nó, ayeygwi áykʉnʉ diwʉ́n nari niwika'mʉkʉna ni, urakʉ gawkwa'ba, wichámʉse', si kʉsʉkwa'ba, ʉnzasanʉkwa'ba nari gunti a'mʉkʉna ni.

Ey anʉwame' ayéy chwamʉ niwikawa na' nó, chow a' chwamʉ tikʉrigʉndi kunsámʉse' anikwʉyáy zaku sikʉ izasari, ʉya gun niwichwʉn nuga na' nanno ʉwari izasanu' nánʉko.

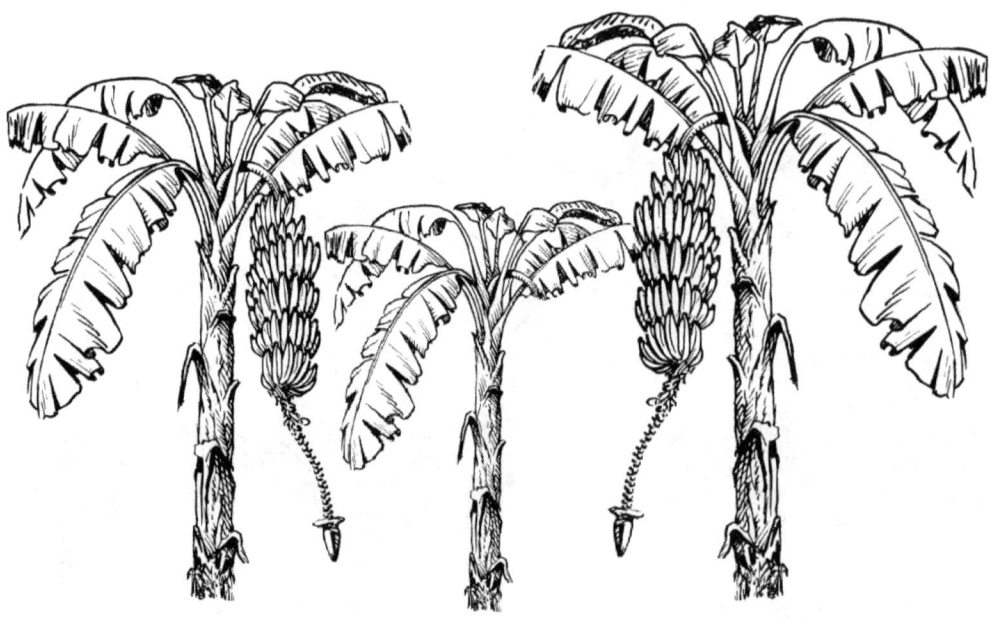

3.4. PARTES DE UNA PLANTA

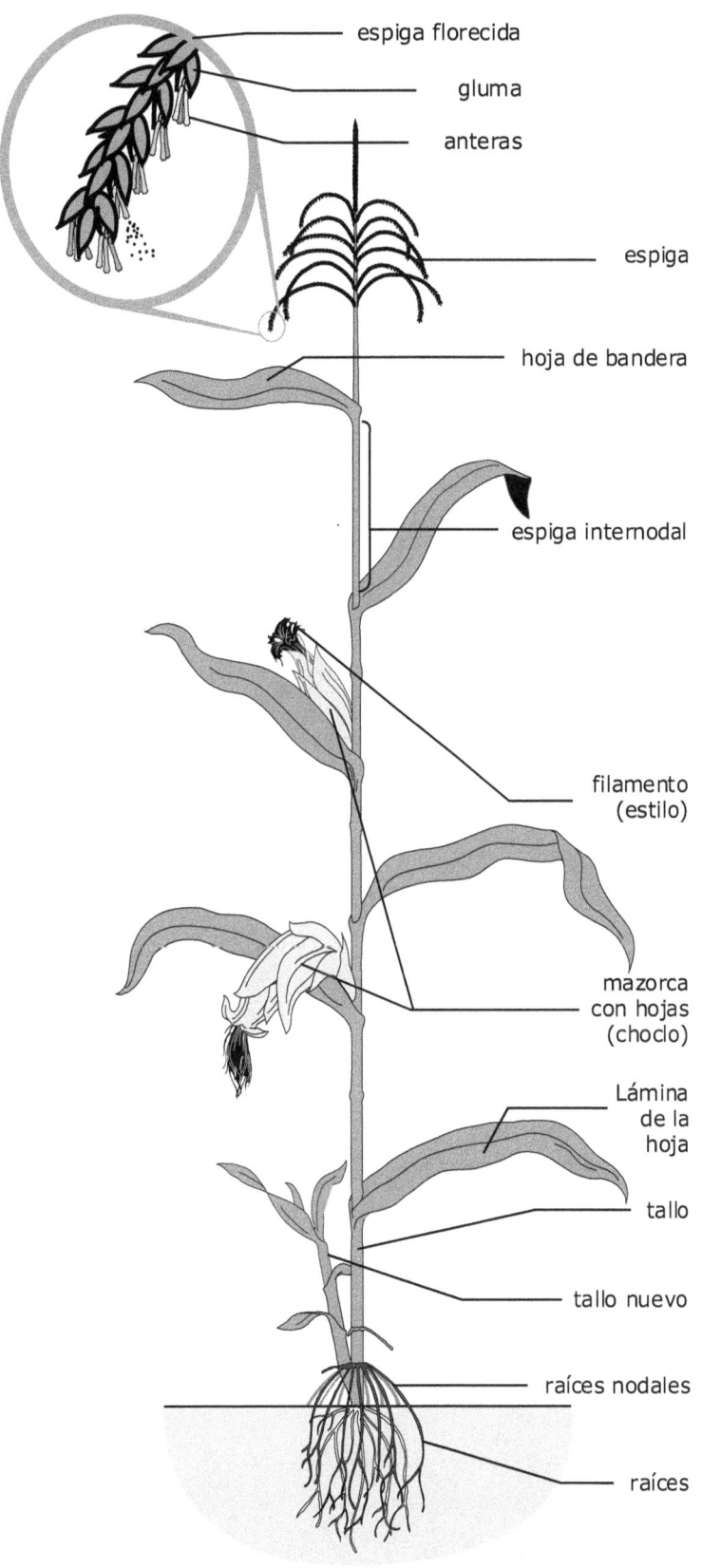

Así como nuestro cuerpo está compuesto de cabeza, tronco y extremidades, las plantas tienen unas partes que la forman, las cuales son de vital importancia para la supervivencia de las mismas.

La raíz:
Es la encargada de tomar las sustancias alimenticias que posee el suelo. Además, le sirve para mantenerse firme en el suelo o sobre la tierra.

El tallo:
Es como el puente que permite la circulación de las sustancias a todas las partes de la planta. Es también la caja que almacena alimentos que permiten a la planta que crezca, florezca, le nazcan más hojas, etc.

Las hojas:
Las hojas son muy importantes en una planta, porque por medio de ellas respiran. Allí se encuentran pequeños poros llamados *estomas*, a través de los cuales se difunde el oxígeno y el dióxido de carbono, los dos principales gases usados durante la fotosíntesis y la respiración celular.

Algunas plantas almacenan agua en las hojas, para luego utilizarla cuando la necesitan.

Niwigᵾchᵾ re'nikwᵾyáy sakúkusin, gojírisin; awiri kᵾtᵾsin nᵾnaygwi, kᵾndi ayeygwi kawi re'nisi zoya ni, ᵾya junari peykᵾ ka'mᵾkᵾna, emi kwey angwasi.

Akᵾttᵾ
Akᵾttᵾri emi zamᵾ juna ka'gúmᵾse' kwᵾya gusi ᵾwa ni, awiri wa'nu' nari a'nukᵾngwasi.

Akᵾnᵾ
Ayeygwi puenti zana' nari zamᵾ ᵾnkᵾzagisᵾn gwa' sᵾya na ni, re'nisi zoyáy, aya'bari zamᵾ du ᵾnkáwᵾya ni, umún inayᵾngwasi, tinzᵾsᵾngwasi azachᵾ ᵾnta'sᵾngwasi.

Azachᵾ
Azáchᵾri peykᵾ kᵾnse' ka'mᵾkᵾna ni, be' aya'ba pari anᵾ ᵾnkᵾsᵾya gunandi, azachᵾse'ri manᵾnka zana anᵾ ᵾnkᵾnsᵾya kᵾnᵾna ni, ᵾyari bunachᵾ siri "estoma" winguga ni, ey anᵾwe'ri ᵾya'ba tá anᵾ ᵾnkᵾsᵾya ni. ᵾya'bari je' du ᵾnkawiri anᵾkᵾjúnᵾye' ᵾnguga ni.

3.5. CLASES DE HOJAS   AZACHU JUNA

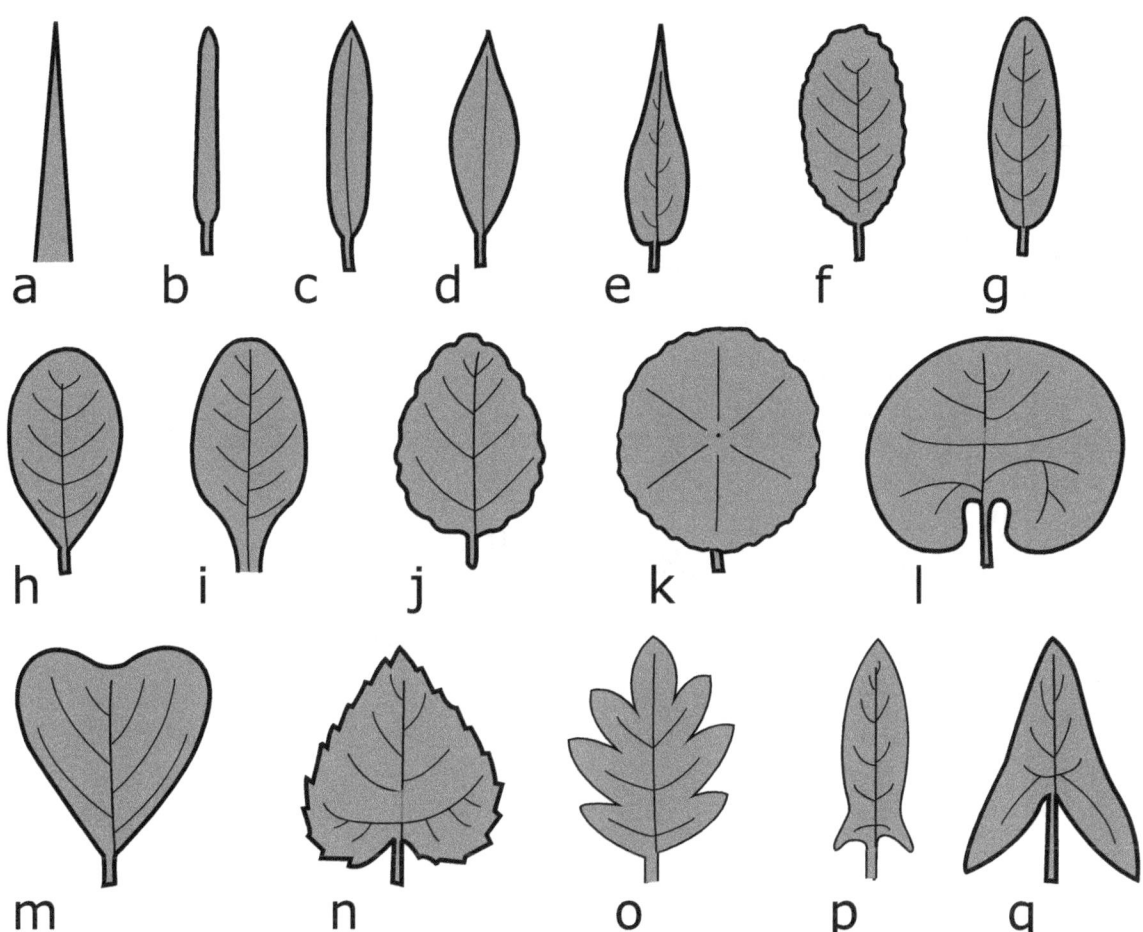

a. Acuminada
b. Filiforme
c. Lineal
d. Elíptica
e. Lanceolada
f. Ovalada
g. Oblonga
h. Obovada
i. Cuneada

j. Ovada
k. Peltada
l. Reniforme
m. Obcordada
n. Acorazonada
o. Lobulada
p. Hastada
q. Sagitada

3.6. La Flor:
Es el órgano mediante el cual las plantas pueden reproducirse.

Tinzi
Tinzise' pari re'nisi awungwa'suya ni, ey awiri unchwuzari zoya'ba du kawa re'guwa ni.

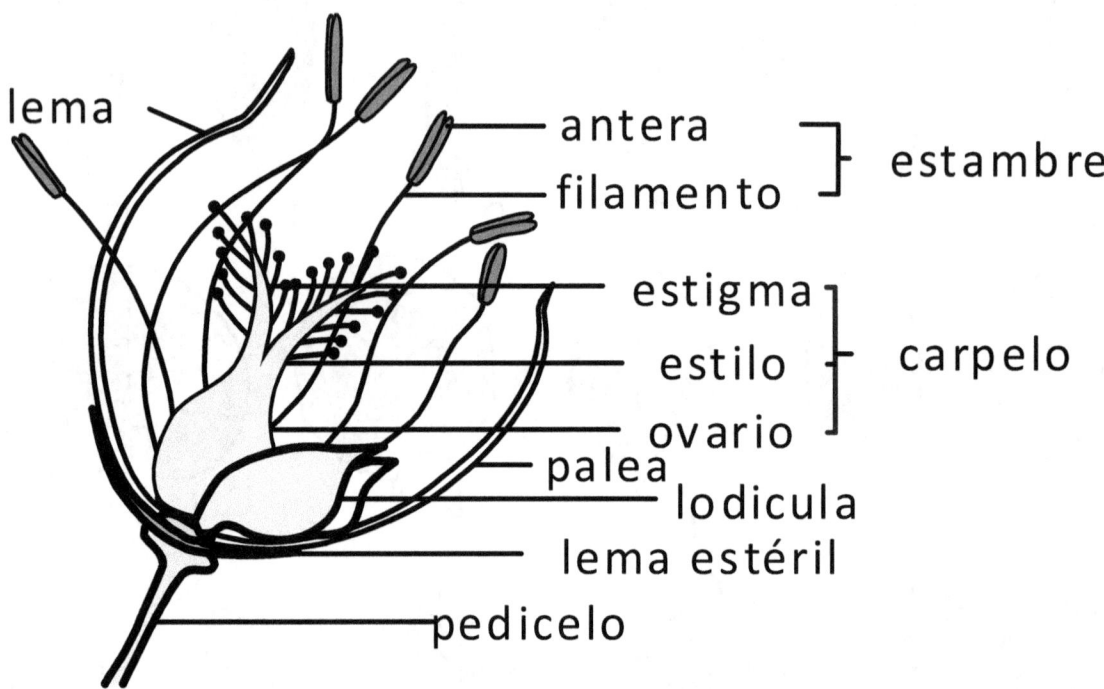

3.7. CLASIFICACION E IMPORTANCIA DE LAS PLANTAS

Desde un comienzo la "Madre" dio el derecho de poder utilizar las plantas. Estos derechos fueron cedidos de acuerdo a las necesidades del hombre y de los demás seres vivientes consumidores de las plantas.

Luego se conocieron las leyes espirituales y los pagamentos que se debían hacer de acuerdo a la utilidad de las plantas. Según esta ley tradicional podemos clasificar las plantas en seis familias:

1. **PLANTAS COMESTIBLES**
2. **PLANTAS PARA CONSTRUCCION**
3. **PLANTAS PARA TENIR**
4. **PLANTAS PARA USO CEREMONIAL**
5. **PLANTAS MEDICINALES**
6. **PLANTAS SAGRADAS**

3.7.1. PLANTAS COMESTIBLES

Entre las plantas comestibles se encuentran las de consumo común y las de consumo ceremonial. De todas formas, ninguna de estas puede ser consumida sin el previo permiso de la "Madre espiritual". En dicha ley se tiene en cuenta la semilla antes de sembrarla, el bautizo de la cosecha y el pagamento después de consumida.

KU̶N JU̶NA AZEY AZEY AWIRI A'MU̶KANU̶YAZEY NEYKA.

Kutu̶kunu̶n kingwi niwizakuse' kun juna neykari a'mu̶kanu̶n gwa'su̶kwéy niwiku̶re'gowna ni. Niwiku̶juri u̶wa chwu̶n nusi, awiri ana'nugase' u̶ngey zoya anu̶ku̶jwa'si niwiku̶chukumana ni.

Ey unaju keywu̶ kunsamu̶ u̶njwa'si nu̶nnájuri tiku̶rigu̶n anizasari awkwey nanu' nanno. Emi ana'mu̶kanu̶yase' pari gunti.

Eyma kunsamu̶se' pari azey azey tana wasaykwey niku'nanno, u̶yari chinwa re'nikwa na ni.

1. **KU̶N JU̶NA AGU̶YA**
2. **KU̶N JU̶NA INU̶ BONU̶YA**
3. **KU̶N JU̶NA SI KU̶KUMU̶YA**
4. **KU̶N JU̶NA MAMU̶ SI A'MU̶KANU̶YA**
5. **KU̶N JU̶NA WICHAMU̶ZEY**
6. **KU̶N JU̶NA MAMU̶ SI A'ZU̶NA**

KU̶N JU̶NA AGU̶YA

Ku̶n juna águ̶ya neykari u̶kín imu̶ gey ukumu̶ya awiri ayeygwi mamu̶ si águ̶ya na ni. Ey anvwe'ki niwizákuse' ana'sisu' nari u̶ngáktu̶chu̶ neki awkwey niwiku̶ná' neyka ni.

Niwi kunsamu̶se'ri zajuna mamu̶ sí izasana, ana'za unáju̶ri u̶ngánige' eygwi anizasana (kwadruse' i'ngwiri chwu̶kwa ni).

Nombre Za'kinuga	Parte Comestible Gukwey Na'ba	Clima Inay Uwayke
Aguacate Awakati	Fruto Aguchu	Medio Kumu Zuneku
Arroz	Grano (Semilla) Uwa	Cálido y Medio Wiwi Awiri Kumu Zuneku
Auyama Unmu	Fruto Aguchu	Cálido y Medio Wiwi Awiri Kumu Zuneku
Caña de Azúcar Kuñu	Tallo Akunu	Cálido y Medio Wiwi Awiri Kumu Zuneku
Frijol Ichu	Grano (Semilla) Uwa	Medio Kumu Zuneku
Guineo Giñia	Fruto Aguchu	Cálido Wiwi Zuna'ba
Lechuga Rechuga	Hoja Azachu	Medio Kumu Zuneku
Maíz In	Grano (Semilla) Uwa	Cálido y Medio Wiwi Awiri Kumu Zuneku
Malanga Maranga	Raíz Akutu	Cálido Wiwi Zuna'ba
Mandarina Mandarina	Fruto Aguchu	Cálido Wiwi Zuna'ba
Mango Mangu	Fruto Aguchu	Cálido y Medio Wiwi Awiri Kumu Zuneku
Ñame Ñame	Raíz Akutu	Cálido Wiwi Zuna'ba
Naranja Naranja	Fruto Aguchu	Cálido Wiwi Zuna'ba
Trigo Trigu	Grano (Semilla) Uwa	Frio Ku zunargun
Yuca Irokwu	Raíz Akutu	Cálido Wiwi Zuna'ba

PLANTAS COMESTIBLES **KUN JUNA AGUYA**

3.7.2. PLANTAS PARA CONSTRUCCION

Existen muchas plantas que sirven para construcciones, pero hay leyes tradicionales que regulan la utilización de ellas. De igual forma hay objetos que solo pueden ser elaborados por personas que determine dicha ley, por ejemplo: las herramientas para teñir los vestidos y otros similares.

Kʉn ɉuna inʉ bonʉya

Kʉn ɉuna inʉ gawkwéy neyka re'masi na ni, ey anʉwe'ki niwikunsámʉ rigʉndi tisʉn neki niwigwasu' na ni. Eymase' tá nari, mʉkʉ ʉnbonʉngwa, kúrkʉna, karetia, nʉneykari ayey ikʉ mámʉse' kiaseynase' zʉ'n ʉwa ni.

Nombre	Parte que se Utiliza	Uso en Construcción	Sitio en que se Encuentra
Aguacate Macho	Tallo Akɨnɨ	Casas, Puntaleras, Bancos Urakɨ, gumɨkumɨyɨn, ákumɨya	Monte Kɨ́nkɨnɨn
Anón	Corteza	Amarrar Casas Urakɨ-a'chunɨngwa	Monte Grande
Bejuco	Tallo Akɨnɨ	Sacar Maguey	Monte
Calegallo	Todo akɨnɨ	Amarrar Casas	Todas Partes
Cañaboba	Tallo Akɨnɨ	Casas Urakɨ	
Carretillo	Tallo Akɨnɨ	Casas, Puntaleras	Todas Partes
Cedro	Tallo Akɨnɨ	Madera, Casas	Montaña
Cha Granadillo	Tallo Akɨnɨ	Puente	Todas Partes
Dina	Tallo Akɨnɨ	Casas, Puntaleras	Monte
Guaco	Tallo Akɨnɨ	Casas, Puntaleras	Monte
Guamo	Hoja Azachɨ	Puntaleras	Todas Partes
Guayabo	Tallo Akɨnɨ	Casas, Puntaleras, Bancos	Loma
Higuito	Tallo Akɨnɨ	Casas, Puntaleras	Todas Partes
Iraka	Hoja Azachɨ	Casas	Todas Partes
Kas Kɨnɨ	Tallo Akɨnɨ	Casas, Puntaleras	Monte
Kuracra	Tallo Akɨnɨ	Casas, Tirantas	Montaña
Lacre	Tallo Akɨnɨ	Casas, Puntaleras	Rastrojo
Laurel	Tallo Akɨnɨ	Casas, Puntaleras	Monte Pequeño

Nombre	Parte que se Utiliza	Uso en Construcción	Sitio en que se Encuentra
Macana	Tallo Akʉnʉ	Puntaleras	Todas Partes
Maguey	Hoja Azachʉ	Hico, Mochila	Rastrojo
Manzano Macho	Tallo Akʉnʉ	Leña, Puntaleras	Monte Pequeño
Maquenque	Tallo y Hoja Akʉnʉ awiri azachʉ	Casas Urakʉ	Monte
Palma	Tallo y Cogollo Aʉnʉ awiri azachʉ	Casas, Escobas	Monte Grande
Paraquito	Tallo Akʉnʉ	Puntaleras	Monte Grande
Samatia	Tallo Akʉnʉ	Madera, Casas	Monte Pequeño
Zula	Corteza y Tallo	Casas	Todas Partes

3.7.3. PLANTAS MEDICINALES

Existen variedades de plantas curativas, las cuales en su gran mayoría son de uso exclusivo del mamu, pero hay otras que pueden ser utilizadas por los "mayores". Al igual que con todas las plantas, debe hacerse pagamento antes de utilizarlas.

KUN JUNA WICHAMUZEY

Kun juna wichámuzey diwún diwún kwey zoyaki nuga'ba pari mamu sí kinki umún a'mukánuya chuzuna ni, ey uwe'ki umunte' a'zunase' ana'mukunasukweygwi apaw siku izasana kinki awkwey nisiza ni.

Nombre	Parte que se Utiliza	Uso	Sitio en que se Encuentra
Ajenjo	Hoja Azachʉ	Diarrea Garia	Fincas Cheykʉna
Cantameria	Hoja Azachʉ	Nacidos y Granos Turinsa, atti	Todas Partes Pinzʉnay
Chicoria	Raíz Akʉttʉ	Diarrea y Dolores Musculares Garia, gʉcha' me'neysʉkwa	Clima Frio Kʉriwakʉ
Cola de Caballo	Todo Yowkʉchʉ	Dolor de Cintura Gákʉnʉzánʉzey	Orillas de los Ríos y Charcos Je meyna awiri tikʉnse'
Contra Gavilana	Hoja Azachʉ	Picadura de Culebra Gwiomʉ migʉkwa'ba	Todas Partes Zʉnekʉ
Guaco	Bejuco Asía	Picadura de Culebra Gwiomʉ migʉkwa'ba	Monte, Rastrojo Kʉnkʉna awiri zachunse'
Guanábana	Hoja Azachʉ	Diarrea Garia	Fincas Cheykʉna
Guayabo	Hoja Azachʉ	Diarrea Garia	Fincas Cheykʉna
Hayo	Hoja Azachʉ	Heridas Mibeykumana'ba	Cerca de la Casa Urakʉ mʉcheygʉmʉ
Higuerón	Leche Azʉjwa	Dolor de Muelas Kʉkʉ zanʉ	Monte, Rastrojo
Limón	Hoja y Fruto Azachʉ awiri agʉchʉ	Todas las Enfermedades Pinna juna wichamʉ	Fincas Cheykʉna
Mejorana	Hoja Azachʉ	Diarrea Garia	Charcos Tikʉn a'nikwʉyʉn
Naranja	Cogollo Awmʉ	Cogollo	Fincas Cheykʉna

Nombre	Parte que se Utiliza	Uso	Sitio en que se Encuentra
Ojo de Buey	Pepa Ʉwa	Picadura de Culebra Gwiomʉ migʉkwa'ba	Todas Partes Zʉnekʉ
Paico	Todo Yowkʉchʉ	Dolor de Cintura Gákʉnʉzánʉzey	Cerca de la Casa Urakʉ mʉcheygʉmʉ
Quina	Corteza Beykumana	Diarrea Garia	Clima Cálido Wiwi zʉnárigʉn
Verbena	Tallo y Hoja Akʉnʉ azachʉ	Cólico Zun me'ko'kusʉyʉn	Fincas Cheykʉna
Yanten	Hoja Azachʉ	Diarrea Garia	Cerca de la Casa Urakʉ mʉcheygʉmʉ

3.7.4. PLANTAS PARA TEÑIR

Para la utilización de estas, se tiene en cuenta el destino del material que se va a teñir, es decir, ya sean para ser utilizado en la fabricación de elementos autóctonos de la sociedad en común, o aquellos materiales que serán utilizados en actividades ceremoniales. Dichos materiales se tiñen con diferentes tintes. Así, todas las actividades deben realizarse en armonía con las leyes de origen.

Kʉn ɉuna si kʉkumʉya

Kʉn ɉuna si kʉkumʉngwazeyri ayeygwi a'mʉkanʉngwazeygwi ukumʉya. Inʉ zana nanʉndi emi tina'kʉchʉ mikʉnanʉngwazey nʉn, awi kéywʉri mamʉ sirigʉn gwi nʉn.

Ayeygwi kawi neki sikʉkumʉ na'no, diwʉ́n diwʉ́n sikʉkumʉyari a'mʉkanʉngwa'ba pari na ni, ʉyari ayéy kunsámʉse' a'nikwʉya name' (Kuaduru makeywase' chukwa ni).

Nombre	Parte que se Utiliza	Color	Material a Teñir
Batatia	Raíz Akʉttʉ	Amarillo Claro Chʉmi bosé kawi	Maguey Bechʉ
Cha' guayacan	Corteza Beykumana	Amarillo Chʉmi	Maguey Bechʉ
Chʉ'nʉ	Raíz o Corteza Akʉttʉ kwa beykumana	Amarillo Chʉmi	Maguey Bechʉ
Contra Gavilana	Hoja o Corteza Azachʉ kwa beykumana	Verde Claro Chʉkiruru bosé kawi	Maguey Bechʉ
Dina	Pepa Ʉwa'	Morado Oscuro Moraw twé kawi	Maguey, Algodón Bechʉ, unkʉ
Diwidiwi	Semilla Zajuna	Marrón Claro Ka'tin bosé	Maguey Bechʉ
Ga'dinwa	Hoja y Corteza Azachʉ awiri beykumana	Morado Oscuro Moraw bosé kawi	Maguey, Algodón Bechʉ, unkʉ
Gujkʉna		Amarillo Chʉmi	Maguey Bechʉ
Jeganʉ	Pepa Ʉwa'	Marrón Oscuro Ka'tin twé kawi	Algodón Unkʉ
Jwikʉnʉ	Hoja Azachʉ	Rojo Zi'i kawi	Algodón Unkʉ
Kasikwanʉ			
Ka'sira	Raíz Akʉttʉ	Amarillo Chʉmi	Maguey Bechʉ
Katimora	Pepa Ʉwa'	Rojo Opaco Aziti bosi kawi	
Kugwinʉ	Corteza beykumana	Marrón Ka'tin	Maguey Bechʉ
Kʉnjegwioma	Hoja y Corteza Azachʉ awiri beykumana	Amarillo Chʉmi	
Kʉnsia Zinki	Raíz Akʉttʉ	Amarillo Oscuro Achʉmi twé kawi	Maguey Bechʉ
Kʉnziti	Corteza Beykumana	Rojo Aziti	Maguey, Algodón Bechʉ, unkʉ
Kwanʉ	Raíz Akʉttʉ	Amarillo Achʉmi	Maguey Bechʉ

Nombre	Parte que se Utiliza	Color	Material a Teñir
Munkwinu	Semilla y Corteza Azachu awiri beykumana	Amarillo Achumi	Maguey Bechu
Murita	Tallo Akunu	Amarillo Achumi	Maguey Bechu
Nowra	Corteza Beykumana	Morado Oscuro Ka'tin twé kawi	Maguey Bechu
Sibutuntu	Todo Yowkuchu	Carnero Claro Agu'guru	Maguey Bechu
Sikura	Hoja o Bejuco Azachu awiri asía	Negro Twi kawi	Maguey, Algodón Bechu, unku
Siwuwu	Corteza Beykumana	Amarillo Achumi	Maguey Bechu
Sizita	Hoja Azachu	Rojo Oscuro Aziti twé kawi	Maguey, Algodón Bechu, unku
Túmusi	Corteza Beykumana	Rojo Oscuro Aziti twé kawi	Maguey Bechu
Uru	Hoja Azachu	Morado Moraw	Maguey, Algodón Bechu, unku
Yarina	Hoja Azachu	Morado Moraw	Maguey Bechu

3.7.5. PLANTAS DE USO CEREMONIAL

Existen plantas de uso exclusivo en las actividades religiosas, las cuales pueden ser tomadas por la sociedad en común, y se utilizan de acuerdo a la actividad de limpieza o pagamento espiritual.

KꞮN JUNA MAMꞮ SIRIGꞮN A'MꞮKANꞮYA

I'ngwi kꞮn juna kwꞮyeykari mamꞮ sí nikamꞮ anikꞮn nuge' a'mꞮkanꞮngwazey neyka ni, ꞮYari pinna ikꞮsin tikꞮrigꞮn anazasanꞮngwa nari ey ukumꞮya ni (Kwadru asewase' chwꞮkwa ni).

Nombre	Parte que se Usa	Clima
Sibiano	Tallo	Cálido
Siwianu	AkꞮnꞮ	Wiwi zꞮnekꞮ
Frailejon	Hoja	Frio
PunꞮ	AzachꞮ	KꞮ zꞮnargꞮn
Calabaza	Calabazo	Templado
Poporo	So	KꞮ zꞮna cheyna
Frailejón de clima húmedo	Hoja	Frio
Tijo'nꞮ	AzachꞮ	KꞮ zꞮnargꞮn
Ayu	Hoja	Templado
Jayu	AzachꞮ	KꞮ zꞮna cheyna
Maiz	Hoja	Templado
In	AzachꞮ	KꞮ zꞮna cheyna
	Semilla	Templado
UmꞮtiki	ZajunaKꞮ	KꞮ zꞮna cheyna
Paja cortadera	Semilla	Todos los Climas
Zi'zi	Zajuna	PinzꞮnay
Frailejón del rio	Hoja	Templado
JepunꞮ	AzachꞮ	KꞮ zꞮna cheyna

3.7.6. PLANTAS SAGRADAS

La ley de origen determina que, al nacer una planta en un lugar sagrado, esta tiene el mismo valor que lugar sagrado y por lo cual se le realizarán pagamentos, y no podrán ser cortadas por ninguna razón.

3.7.7. CONSERVACION DE LAS PLANTAS

Para la conservación de las plantas, debe cumplirse con todo lo establecido en la ley de origen, haciendo la limpieza a cada especie de planta antes de su utilización y los pagamentos necesarios ante la "Madre. Así todo se mantendrá en equilibrio.

KᵾN ɈUNA MAMᵾ Si' A'ZᵾNA

Kunsamᵾ kᵾtᵾkᵾnᵾn zanᵾ ye'ri: "kᵾn ka'gᵾ́mᵾse" a'zᵾna'ba bonᵾye'ri ayeygwi akingwi a'zari a'mesi zoya ni. Ey ᵾwame'beysᵾ wi'na na ni.

KᵾN CHWI AWKWEYKA

Kᵾn chwi awkweykari kunsamᵾ sí yow a'nikwᵾya ᵾnchunhamᵾ kawa na' no; tikᵾrigᵾn izasari, azey azey Ikᵾ Ɉuna kwᵾyeyka a'mᵾkanᵾngwa'sᵾn ᵾnye'ri, azaku sikᵾ sari awkwa ni, ᵾyari, ᵾyéy zaku Ɉinase' chusanáy ᵾnchuney nanᵾn chwᵾn nuga, ikwᵾn nuga kau' nanunno. Umᵾ́n ínᵾki kwᵾyeykari kᵾchonu'nanᵾn gwasi.

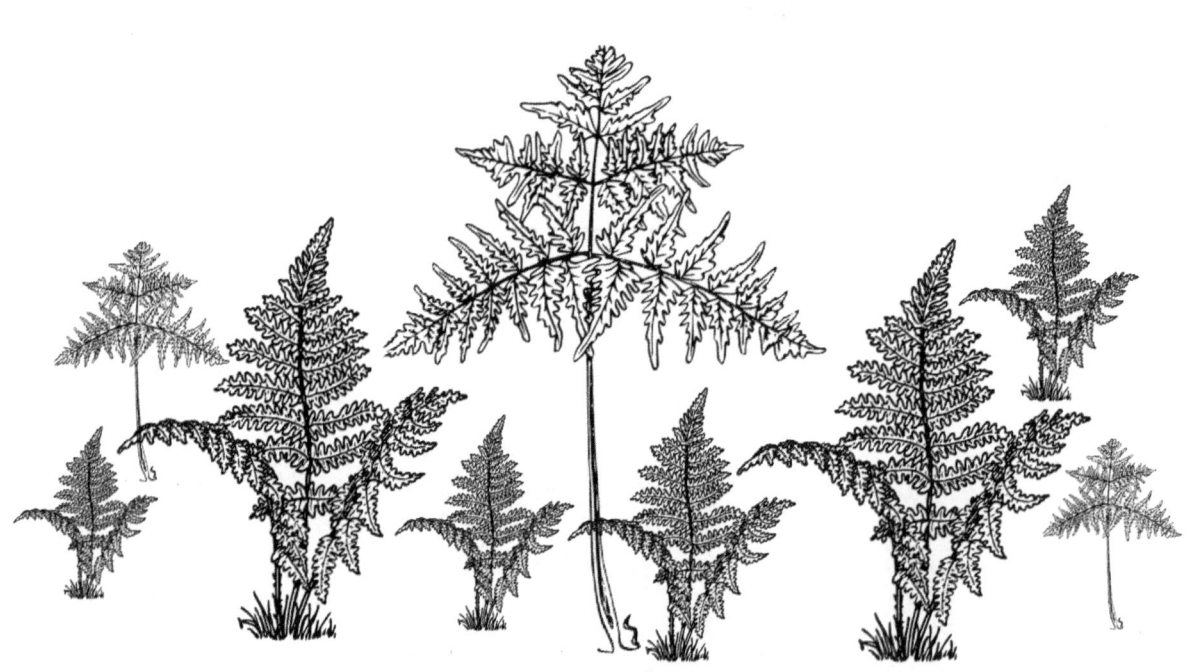

3.8. ACTIVIDADES PEDAGOGICAS

Realiza esta actividad y complemente su conocimiento acerca de las plantas.

1. Realiza una imagen de plantas con todas sus partes, coloréalas, luego lo recorta en cuadritos, y reconstruye como si fuera un rompecabezas.

2. Mencione otras plantas que usted conoce y que nunca lo haya visto en el libro.

3. Escriba dos párrafos que hable la utilización de las plantas en tu casa.

4. Escoge la respuesta correcta:
   Las plantas viven en:
   a. En el agua
   b. En el cielo
   c. En agua y tierra
   d. En el aire

NIKAMU̶

Ema nikamu̶ awa unáyuri kunsamu̶ kawu̶nka'sa awkwa.

1. Dibuju du kawi u̶nnusi pinna ku̶nari gow unáyuri u̶nbey awiri u̶ncho'sukwey kwi awkwa.

2. In'geygwi ku̶n ɉuna ma nu̶ɉwa'su̶ya be neki nu̶chu'gwi neyka wasey awkwa.

3. Mowga re'nikwa nánu̶kin mikeynaku̶ ku̶n u̶nka'mu̶ku̶nhakumey zoyeyka a'sa awkwa.

4. In'gwi taneyka a'guka awkwa:
   Ku̶n ɉuna beku̶ kuya nanno.
   a. Ɉese'
   b. Ku'nawa
   c. Ɉese' awiri ka'se'
   d. Buntiku̶nu̶se'.

FLORA Y FAUNA IKʉ

4. LOS ANIMALES

4.1. OBJETIVOS GENERALES

Reafirmar la necesidad de conservar el hábitat de las especies animales, para así evitar que se extingan.

Promover que los estudiantes valoren, respeten y utilicen adecuadamente los animales, teniendo en cuenta tanto las leyes tradicionales Ikʉ como los conceptos occidentales.

Visualizar la clasificación los animales de acuerdo a su hábitat, a sus características y a su utilidad.

Conocer una parte de nuestra historia tradicional, que hace referencia a los animales a través de la lectura y el comentario con la comunidad educativa.

ANA'NUGA ɈINA

EYMEY KʉZARI A'KUMANA NI IZANʉNGW A NEYKA

Umʉ́n kinki, gʉmʉsinʉ ɈInase'ri, pinna aná'nuga azey azey kwʉyeykari chwi, wa'misu' nari rizweingwa neyka kʉyʉn kinki nusi, ʉyari tikumey neki zwei' nanʉngwasi.

Gʉmʉsinʉ riwiwya ɈInari pinna aná'nuga ɈIna agákʉchʉ ʉwa neyka kwa mamʉ sírigʉn zʉ'n kʉjúnʉye' gʉkwey nigari
1 chwi kinki zweykwa key kumʉ ka' si ukumʉngwasi.

Winde'riwiwya ɈInari pinna aná'nuga kwey ʉwa neykari chwi, chow a'chwi, a'mʉkʉna na' no ʉwari niwizákuse' niwikʉchusaneykari uzwey nanno.

4.2. ORIGEN DE LOS ANIMALES (Lectura)

Como vimos anteriormente, la mitología del pueblo ikʉ (arhuaco), enseña que, en el comienzo de la existencia material de los seres vivientes, las únicas características que se conocían eran las humanas.

Luego la "Madre", de acuerdo a las necesidades que iban surgiendo, fue transformando la naturaleza; en plantas y mucho después en animales.

Cuando la "Madre" había establecido las leyes para el uso adecuado y la conservación de las plantas, notó que hacían falta otros elementos fundamentales en la vida del hombre. Habían pasado ya muchos años y la gente se había adaptado a la

Aná'nuga kwey ʉwa neykari, áykʉnʉ áykʉnʉ kwʉya'ba se kʉnari, bémey kawi kʉriwiwkwa nanʉndi uyari ʉyéy kinki kawi, bema a'mʉkʉna nanʉndi ʉyari ʉya ni ʉwari; niwi kunsamʉ si zanʉ awiri bunachʉ sí zanʉ dikin ɉwa'si
awiri, niwi enʉnáy nari ʉnkʉriwin niwingwasi. Niwikunsamʉrigʉndi du kinki se kʉnari umʉnte' a'zʉna ɉina a'zasisi, pinna aná'nuga ɉuna kwákumey ʉwa neyka riwi, paperi a'kumey una neyka ya awagwi unáɉuri yow umún agʉnkwʉyá neykari, nʉkʉyʉn kein du na' nanno.

GʉMʉSINʉ AWIWKWA'BA SEKʉNANʉKWA

Yow nʉkin gʉmʉsinʉ anʉkʉyʉngwa mika'nisi anʉwiʉngwa nʉnnige'ri, gʉmʉsinʉ awiyari ema paperi yow nʉkin yʉkwa kʉnisi zwey nanno. Ey unige'ri in'gweti in'gweti keykumʉngwa neykari umún ʉyari nʉnaí kinki kawi ʉnchunhey zweingwasi. Ingʉri azi nari kʉchʉ ʉwari, azi kawi gʉmʉsinʉ kéykumey wazwein nu'na nandi, ʉyari diw-fln re'gau' nari ʉyey kinki ingʉri ʉnnusí azwein du na' nanno, ey anúnige' yow niwe' zʉnneykari ingiti kindi niwikʉnchori zoriza ni. Ema niwikʉnchori zoriza neykari riwiwya ɉinari ʉyari aguzanikʉn kinki gwa'si, azi neykari ey agwakunno a'zanun gwa'si, awiri agawin nu'nige'ri du kawi re'takʉn gwa'sʉn gwʉn

convivencia y armonía de las plantas.

Todos los miembros de la familia tenían sus fincas organizadas, pero aun así algunos dedicaban las noches a recolectar frutas comestibles, lo cual no era parte de la ley de origen. (ley tradicional)

ʉnkʉriwikweykari du kawi ʉnka'ɉu nánʉko.

Gʉmʉsinʉ anʉgawí ʉnzoya'bari, ʉya nikamʉ kʉnʉneykari ga'kʉnámʉri ano'kukwéy zʉneyka í, zoyʉn du na'nanno, awiri ʉndigawiyeykari bemeyki neki nisiri agano'kwa awʉngwa neyka re'tasi zwein du nariza ni; ʉyari riwiwya ɉina wina'zanʉkwʉyʉkin gwi uzori au' nanno. Akowna neykari ikʉ awiwya, ema kinki gʉmʉsínʉse' kuwʉsʉngwa neyka awiri riwiwya ɉina neykari umʉnte a'zuna ɉina amipáw ɉinase', mámʉse' neykari ey kinki a'zasisi uzweíngwa a'chwi zweykwa, ey anu'nige'ri ʉnkʉrigawin nugari umʉ́n kinki ɉuma'kumey wazwemgwasi.

Pasado algún tiempo, la "Madre" apareció para hacer justicia, sancionando a estos individuos; dándoles otros deberes y derechos. Estos fueron convertidos en animales comestibles, algunos de consumo

KʉTʉKʉNʉN ANA'NUGA KWAKUMEY UYE

Kʉtʉkʉnʉn ínʉki chwʉzari awʉngwa neyka wintukwase'ri ikʉ nʉkin kwʉya nʉnna; ey awi zákuse'
kʉɉunin ʉwari kʉn ɉuna chwʉzanisi zoyana, awi zʉnnáriri aná'nuga chwʉzanisi zweinpʉnna.

común y otros de consumo único y exclusivo en actividades religiosas.

Al transcurrir otros años, la "Madre" notaba que muchos **gunamʉ** (miembros) de otras comunidades, mostraban mayor interés y preocupación por las actividades ligadas al hogar, o servir de compañeros a los dueños de las cosas, por lo cual la "Madre" determinó que serían los animales llamados "amigos del hogar" (animales domésticos). Estos animales por ser considerados amigos del hogar, era prohibido consumirlos.

Aná'nuga du únkuchwi, zi azu' nari uzweykwa ní guga, zákuse' kwasa awaki nuse'ri, ɉwa umʉn a'zʉna neyka anʉme'nusi zweykwazey niwikʉjuna awnʉnno azʉnna.

Birin ʉnzanika uye'ri kʉn ɉunasin re'nokwamʉ, uzoyamʉ ikʉse'ri ʉnkʉriwia winowna; ey awi ʉya kingwi ʉnkwazwein nuga na'nʉnno.

Transcurrió otro largo tiempo y, comenzaron a nacer niños que al crecer mostraban voluntad decidida cuando eran necesitados en momentos trágicos o difíciles, cuando se necesitaba trasladar de inmediato algún enfermo a lugares lejanos, cuando se

Ikʉ winnʉnari in'gweti chey du zari winʉkʉna nʉnna ʉweki ʉɉwari in'gwizey chey nʉnekʉ zagʉn zoya nʉnna ey awi ʉnzanika uye'ri zaku du zakusi nase'ri, zágʉya ɉinari aná'nuga re' gow awi, mamʉ chwi agʉngwa, awiri binzari neki

necesitaban materiales sagrados de otras partes, etc. Entonces estos fueron llamados por la '"Madre" para hacer parte de los animales sagrados y a algunos a servir como medio de transporte.

En aquellos tiempos la vida era más pura, las actividades cotidianas estaban más ligadas al crecimiento espiritual de las personas, de igual forma los trabajos ceremoniales eran más extendidos, por lo cual se utilizaban más elementos y materiales rituales.

agʉ́'kʉchʉ awʉngwa nari re'gowna.

Eygwi zanika uye, zákuri gunamʉ ʉjwun ʉjwun zanʉ urákʉse' ukumʉya neyka umʉ́m agʉzari zwein pʉnna; ey ʉwame zakuse'ri urakʉse' ukumʉya zʉjwʉ́nʉkʉnʉ nanʉngwa nari re'gowna.

Ʉyari, aná'nuga urákʉse' niwika'mʉkuna, agu'neyka ey awga na'nʉnno.

Umʉ́n birin zanika awi, eygwi nare'ri, gʉmʉsinʉ kwákumey zweínpana ikʉnari beki mʉnʉ rinuzweykwa nʉna'ba, kwa a'buru ajwʉn zanʉ mikʉjuri awkwa nʉna'bari ikʉnase' jwirí winawa a'junana; ey awi zákuse' ke' ʉwʉn uye'ri ʉyéy nanʉngwa a'mʉkuna, a'zʉna, zagósʉya nanʉngwa amasáy re'gowna na ni.

Un día, estando los mamʉ en concentración, analizaron que, para el éxito de sus actividades, encomendadas por la "Madre", tendrían que participar algunas personas como medio de información, los cuales se ocuparían de comunicar al mamʉ cualquier acto de irregularidad que cometieran los miembros de alguna familia o cualquier otro caso de interés. Entonces estas personas fueron pedidas a la "Madre" por los mamʉ y la '"Madre los transformó en animales mensajeros.

Por último, nacieron personas cuya mayor preocupación era el bienestar individual y social de las personas, tanto de la vida material como espiritual, por lo cual fueron convertidas en animales salvavidas y a ser utilizados como material en actos ceremoniales, en especial en aquellos que tienen que ver con la salud de un ser viviente.

La '"Madre" estableció leyes espirituales que nos hacen iguales ante los demás seres vivientes de la naturaleza, pero el hombre debe velar por la conservación de todo su entorno natural del cual se sirve a diario.

Eyméy nari zwein nuse 'ri niwikunuku nari akwey azoyana~ ínʉki umʉn ɟumʉ a 'nisi nari mámʉsin rimasáy ɟwa ʉnbori zoya'ba a'buru si nenʉn umʉ́n ʉnkʉriwí zweykwey niga ni.

I'mʉ́nʉri mamʉ ɟina rinre'takʉn nusi zákuse' ʉnchunhey zweykwa gwasi niwikʉchusana ʉwanʉndi in'gwi ʉɟwa ga'niwikéy awʉngwa áykʉnʉ ʉnka'guka awamʉ kawnanno wina'zʉnna; ey awi zaku ʉnka'zasisi nare'ri, ʉyéy ʉnchori
aná'nuga ga' yʉngwa nari zákuse' re'gowna ni.

A'kowna neykari; pinna kwey niwinmi'naki nuga in'gwi akwey ʉwa awiri nʉn nenʉn du gunti kʉzari akwey zweingwa a'zʉneyka kwakumey zoyana ni.

Ʉnchunhey zweykwa gwasi zákuse' niwikʉchusanari: niwinmi 'naki nugasin eyma umʉ́n azʉna na 'no.

Zaka'chó'sʉkwey nanu' neyka niwikʉchukumana ni, ʉwame' yow kwey ʉwari ʉnkʉchwi kʉchó'nanu'kwa niwezari sigin ʉnka'mʉkanʉkwéy neykasin i'ngwi
ʉnkʉchwamʉ gunti niwikawa mamʉse'ri eyméy gwasi wásʉyani.

4.3. IMPORTANCIA DE LOS ANIMALES

Teniendo en cuenta lo que establece la ley tradicional, podemos decir que ningún ser viviente puede permanecer aislado, porque para poder vivir, estamos obligados a convivir juntos y servirnos los unos a los otros. Por esta razón, los animales cumplen un papel importante en la vida de todos.

Los animales no solo sirven para mejorar la dieta alimenticia tradicional, sino que además fortalecen nuestro crecimiento espiritual. Otros nos sirven como medio de transporte, algunos son medios de información al mamʉ y mayores, mientras otros cumplen la función de cuidar y proteger la vida de los seres humanos, animales y la naturaleza en general por lo cual son sacrificados en actos ceremoniales.

ANA'NUGARI A' MʉKARI WINKWʉYA NI

Kwamʉ warunhʉn nusi nanʉndi, bema neki emi ka'gʉmʉ tina kwʉyeykari áykʉnʉ kwʉkwey neki aniwikʉnanu' na' nanno. Emi kwaweri meza'nʉndi azi ne nanʉnki i'ba kinki kwʉkwey niwikʉna'no. i'ba ʉnka'mʉkari, rinahchwi zoyamʉ kau' no. Ey ʉwame' aná'nuga neykari peykʉ ikʉ ka'mʉkanʉn nuga na' nanno.

Aná'nuga winneykari zamʉ sí nʉkin a'mʉkánʉya neki na' nanʉnno. Emi manʉnka inaykwa'ba, arunʉnkwa'ba, jʉmu mékʉsi mika'mʉkánʉkwa ni. Iwa in'gwi peykʉ neki zweingwasi, ga'kʉnamʉ mámʉse' kwa sakúkʉse' neki kuzweingwasi, kwa in'gwiri bema wichʉn neki anunige'ri ʉyase' ginisʉngwasi gunti aná'nuga wina'mʉkuna ni.

4.4. CLASIFICACION TRADICIONAL DE LOS ANIMALES

De acuerdo a las leyes tradicionales, encontramos tres grupos de animales, los cuales se encuentran entre las leyes que maneja el mamʉ y en las actividades encomendadas a él, pero la misma ley nos permite hacer otras subdivisiones, teniendo en cuenta la utilidad que se les da, ya sea por la sociedad en común o en los actos ligados a la espiritualidad individual o social.

Teniendo en cuenta el medio donde vivan (el hábitat), podemos considerar tres grupos de animales: acuáticos, terrestres y voladores (aéreos).

ANA'NUGA JUNA MAMʉRIGʉN ZAKA'NUGA

Niwikʉnsamʉ siri maykʉnʉ juna nánʉkin ana'nuga kwʉya ni, ʉya jinari in'gwiri nʉkin mámʉse' zʉ'n ga'kʉnamʉ kʉjwá'sʉya ni, iwa in'gwiri kunsámʉse' kingwi diwʉ́n awi a'mʉkanʉngwa'sʉkwéy yeyka ni, ey ʉwe'ri ʉya'bari re'masi nari kwa use' zʉ'n mamʉrigʉndi gwakʉkwnéy niga ni.

4.4.1. ANIMALES ACUATICOS

Son los encargados de transportar los materiales con los cuales se han realizado limpiezas y pagamentos por parte de los mamʉ y sus gunamʉ (miembro de la comunidad), y que han sido transportados hasta los mares, lugar donde se encuentra la "Madre" espiritual que recibe las cosas negativas.

ANA'NUGA JESE' KWUYEYKA

Ema aná'nugari powruse' a'buru ani'na neyka mʉkuriwa sikʉ uzweingwasi (zaku) gʉnsinna; jina ipanʉngwanari uzoya ni. Ey awʉndi ʉyeygwi semaneru zana' a'mʉkʉna na' no.

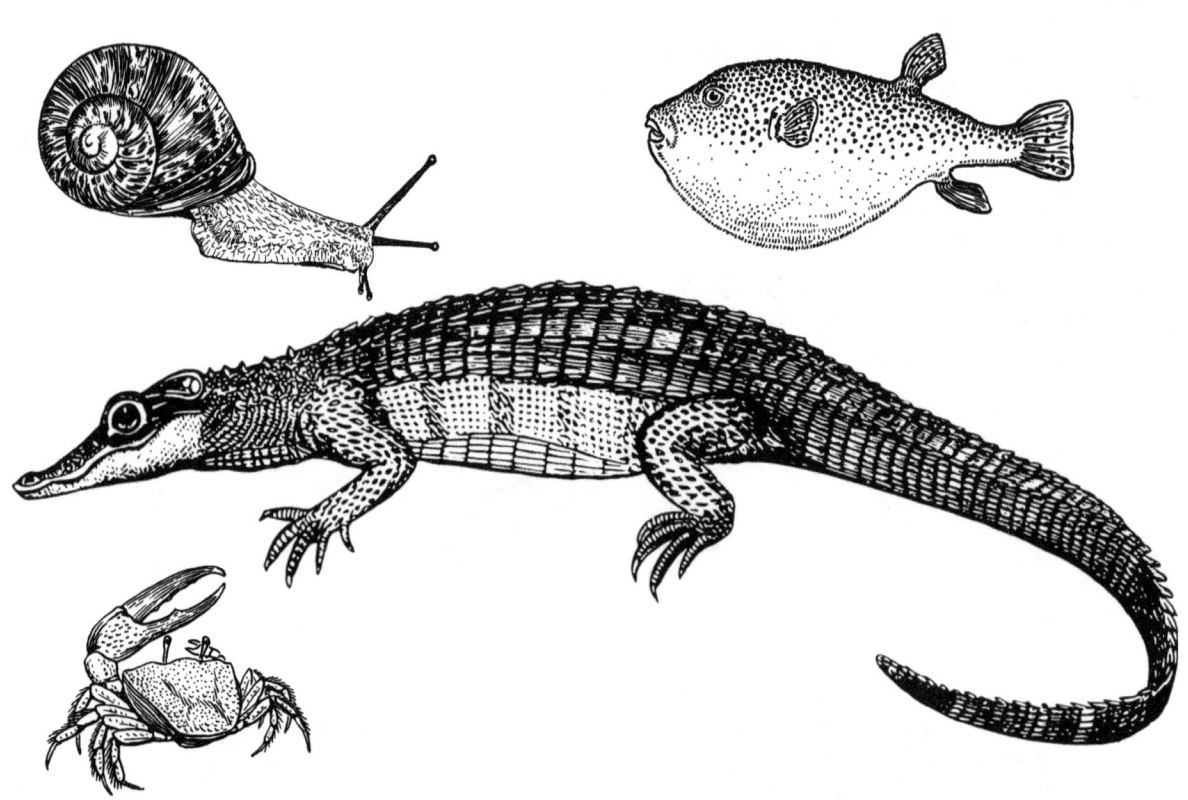

Estos animales incluyen,

Guabino
Cangrejo de Rio
Trucha
Caracol de Mar
Caimán

Ema ana'nuga neykari ema ni:

Ucho'
Uti
Wakʉ
Urumʉ jiwʉse' zanʉ
Caimán

4.4.2. ANIMALES TERRESTRES

Estos fueron elegidos por la "Madre" para contribuir en las actividades encomendadas al mamʉ y que tienen que ver directamente con el desarrollo material y espiritual, en la vida individual y social de las personas, y de todo ser que habita el universo.

Entiéndase por esto el bienestar de las personas y la obligatoriedad en el cumplimiento, para garantizar el equilibrio y la conservación de los recursos naturales en armonía con las leyes tradicionales.

ANA'NUGA KA'SE' WINKUYA

Ema amá'nuga ɉinari zákuse' ingʉ diwʉ́n nari a'mʉkanʉngwasi chusanari, ʉya ɉinari mamʉ sí nikamʉ kwánige, ey awi keywʉri emi tina' nariri tikʉrigʉn zagunamʉsʉngwasi chukumana ni; re'masi nari kwa in'gweti ikʉ nʉnkura'ba. Ey ʉwame' azi nanʉnki ikʉri aná'nugase' párigwi kwʉkwey niwikʉniku' no, ey awiri, emi ínʉki kwʉyeyka chwi, ikwey awkwari ʉya'ba pari gunti uzweykwéy niku' no.

Eyméy ʉwa'ba pari kunsamu a'nikwʉyáy achunamʉ kau' nanno, pinna ɉuna kwʉyeykari i'ngwi dikin nari zweinntwmgwasi, be, zakuse'ri ʉyéy kunsamʉ chusana gun nandi.

Estos animales incluyen,

Ñeque
Ardilla
Perros
Tigrillo
Ovejas

Ana'nuga ey awgari ema ni:

Asareku
Kwi'ɉumaka
Perʉ
Seykunuma
Weja

4.4.3. ANIMALES AEREOS (AVES)

Estos son los encargados de transportar o llevar los materiales utilizados en los pagamentos, las limpiezas y todo lo ligados a las cosas buenas que se hacen para alimentar el espíritu. Estos materiales son llevados al padre **Kakɨ Bunkwákukwi**.

ANA'NUGA DRÚNɨYA ɈINA

Ema aná'nuga ɉinari ánugwe duna neyka a'buru bónɨye' winɨkuzori a'rimɨkɨna ni.

Ema ánugwe dunari niwikakɨ Bunkwakukwi sikɨ winɨkuzoya ni.

Estos animales incluyen pájaros y otras aves comunes.

Ema ana'nuga ɉinari sisío ɉina dururí ɨwa ɉina neyka ni.

Adicionalmente, las personas podrían hacer su propia clasificación de los animales, pero en realidad, para la cultura Ikʉ solo existe lo que establece la ley de origen.

Sin olvidar las leyes anotadas con anterioridad sobre los animales acuáticos, terrestres y aéreos, podríamos hacer la siguiente subdivisión:

- **ANIMALES COMESTIBLES**
- **ANIMALES DE TRANSPORTE**
- **ANIMALES SAGRADOS**

Ikʉri áykʉnʉ ingʉ diwʉn nari aná'guga re'basʉkwéy kʉnʉna ní, ey ʉwe'ki kunsámʉse' a'nikwʉyáy zʉ'n wazoya ni. Sanusi zaka' cho'kumana nungwari mamʉrigʉn zaka'nugay na' no. Eyma'ba pari chwʉn nusi nandi eygwi re'basʉkwéy na' nʉnno, agʉyeyka, mina'mékʉkwa awiri mamʉ sí a'mʉkʉna warunʉndi:

- **ANA'NUGA ÁGʉYA**
- **ANA'NUGA A'ZAGOKUMʉYEYKA**
- **ANA'NUGA MAMʉ SI ɈWAKAWʉ NEYKA**

4.4.4. ANIMALES COMESTIBLES
4.4.4.1. - DE CONSUMO COMUN

Son aquellos que la ley tradicional permite consumirlos por todos los miembros de la familia, en cualquier actividad cotidiana, pero en previa armonía con la madre. Estos animales incluyen las vacas, ovejos, cerdos, gallinas, pavos, y otros similares.

ANA'NUGA ÁGᵾYA

- PINNASE' ÁGᵾYA

Ema ɉinari umúɨ pinnase' neki gᵾkwéy nari zákuse' chusana na ni, binzari kwa ínᵾki neki awᵾn nusi, ey ᵾwe'ki apáw síkᵾri izasanamᵾ kinki kawa ni.

4.4.4.2. - ANIMALES DE CONSUMO CEREMONIAL

Son aquellos que se consumen en actos ceremoniales y son alimentos especiales para el crecimiento del espíritu. Esto se nota con frecuencia en los bautizos de niños, en la preparación de un mamʉ o en el bautizo de grandes construcciones. Estos animales incluyen iguanas, guartinajas, ardillas, chucho y aves de monte.

- ANA'NUGA MAMʉRIGʉN ANE' AGʉYA

Ema aná'nuga jinari nʉkin mamʉ sí ananʉn nuge' águya ni ánugwe jumʉ kʉsʉngwasi, zizi jwa kʉkumʉye', mamʉ sí rigawiye', urakʉ jwa kʉkumʉye; eyméy nari zʉ'n águya ni.

4.4.5. ANIMALES DE TRANSPORTE

Aunque en un principio la "Madre" dejo animales de transporte o de carga para ser utilizados en tareas difíciles, actualmente algunos de esos animales desempeñan otras funciones. Y, los animales que hoy en día nos sirven como medio de transporte, fueron primordialmente traídos por el hombre occidental o Bunachʉ.

Algunos de estos animales de transporte son: el burro, el mulo, el caballo, y el buey, entre otros.

ANA'NUGA A'ZAGOKUMʉYEYKA

Kʉtʉkʉnʉn kingwi íkʉri ana'nuga ʉnka'zagosʉkwazey nari zakuse'ri kʉchusana. Iniki mʉ a'zʉna ʉnkʉgosʉngwasi winʉkʉchusane 'ki iwari ingʉ diwʉ́n nari a'mʉkari kwʉya ni.

Aná'nuga iwa íkʉse'ʉnka'zagósʉya bekʉ neki uzoya kwʉyeykari bunáchʉse' una'na gunti neyka ni; ʉya neykari: Buru, machu kʉgowro, buey, mura, gunti neyka ni.

4.4.6. ANIMALES SAGRADOS

Son considerados animales sagrados aquellos que la ley tradicional prohíbe consumir, por haber sido elegidos por la "Madre" como elementos que contribuyen al éxito de las actividades encomendadas al mamʉ. De acuerdo a dicha ley podemos clasificarlos en dos:

4.4.6.1. - MENSAJEROS

Son aquellos animales encargados de mantener alerta al mamʉ y mayores de las cosas que suceden o pueden suceder, tales como el búho, loro, ruiseñor, kwiwi (pájaro nocturno) y el **jo'kwinsiro** (nombre del pájaro)

4.4.6.2. - DE USO CEREMONIAL

Son los animales que tienen como función salvar vidas, ellos son sacrificados y utilizados como material para los trabajos espirituales que tienen que ver con la salud de las personas y el bienestar de la naturaleza; tal es el caso de arañas, cucarrones, alacranes y escarabajos.

ANA'NUGA JWAKAWʉ NEYKA

Ema aná'nuga jinari e' kʉtʉkʉnʉn kingwi niwipawse' ayéy tikʉrigʉn tina mámʉse' ka'mʉkanʉngwazey nari chukumaname' gʉwi'na na ni. Eymi warunʉn nusi mowga juna na ni.

- ANA'NUGA GA' YEYKA

Ema aná'nuga tanari mamʉ ywi riwanʉn gwa'sʉya ey awga ni awiri zanʉngweykasi umʉn ga' yeyka ni ʉya tanari. Jo'kwinsiro in'gwi na' nʉnno.

- ANA'NUGA MAMʉRIGʉN KʉJUNʉYA

ʉyari aná'nuga minagukʉkweyka ey awga ni, kʉjuna ʉweri gwaka awi a'buru re'bónʉya ni, du niwezanʉngwa nari i'ngwi yow niwinmi'naki nugasin nenʉn.

  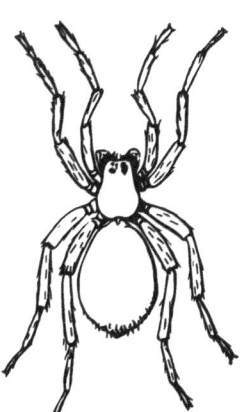

4.5. ACTIVIDADES PEDAGOGICAS:
Clasifique los animales de acuerdo a su hábitat.

NIKAMU

Emi ana'nuga chwuzuneykari azey azey kwuyeyka chwuzunhasa awkwa.

4.6. CONSERVACION DE LOS ANIMALES

Para la conservación de los animales, es deber nuestro, hacer pagamento u ofrendas espiritual, como por ejemplo, haciendo pagamentos a la Madre de las aguas, de los animales, tal como está establecido en la Ley de Origen, o evitando que se extingan, y así promover el equilibrio entre todos los seres de la naturaleza.

ANA'NUGA U̶NKU̶CHWI ZWEYKWEYKA

Aná'nuga tana ku̶cho'nánu̶kwa u̶wari gunti chwamu niwikau' nanno anugwekin nari ka'pinsi, izasari, zákuse' ipu̶nasu̶n gun ase' ku̶tu̶ku̶nu̶n gwana'ba ta uzori ku̶cho'ná'kwa a'chwi dikin riwari rinhuzwey nánu̶ko.

4.7. LOS ANIMALES — ANA'NUGA ɈINA

ANIMALES ACUATICOS	ANA'NUGA JESE' KWUYEYKA
Guavino	Kʉneyru
Cangrejo de Rio	Uti
Trucha	Wakʉ
Caracol de Mar	Ɉo'tinwʉ
Caimán	Kayman

ANIMALES TERRESTRES	ANA'NUGA KA'TINA RI KWʉYA
Ñeque	Asareku
Ardilla	Kwi'ɉumaka
Pájaros	Sisio
Perro	Perʉ
Tigrillo	Tigriyu

ANIMALES COMESTIBLES	ANA'NUGA AGUYA
DE CONSUMO COMUN	**PINNASE' AGUYA**
Vaca	Sʉna'gekuya
Ovejo	Weja
Cerdo	Chinu
Gallina	Keyna
Pavo	Piku

ANIMALES COMESTIBLES	ANA'NUGA GA'ʉNBORI
DE CONSUMO TRADICIONAL	**ÁGʉYA**
Ardilla	Kwi'ɉumaka
Chucho	Zinki
Aves de Monte	Dirunʉya Kʉnkʉnʉn Zanʉ
Iguana	Iwanʉ
Guartinaja	Otiki

LOS ANIMALES	ANA'NUGA ɈINA
ANIMALES DE TRANSPORTE	**ANA'NUGA A'ZAGOKUMᵾYEYKA**
Mulo	Mura
Burro	Buru
Buey	Buey
Caballo	kᵾgowro
ANIMALES SAGRADOS	**ANA'NUGA ɈWAKAWᵾ NEYKA**
DE USO CEREMONIAL	**ANA'NUGA MAMᵾRIGᵾN KᵾɈUNᵾYA**
Araña	Mᵾnkwᵾ
Cucarrones	Tiwi,
Alacrán	Zeyku
Escarabajo	Gadío
ANIMALES SAGRADOS	**ANA'NUGA ɈWAKAWᵾ NEYKA**
MENSAJEROS	**ANA'NUGA GA' YEYKA**
Jo'kwinsiro	Ɉo'kwinsiro
Búho	Bunku
Loro	Kwiromᵾ
Ruiseñor	Chᵾmusi
Pájaro nocturno	Kwiwi

4.8. ACTIVIDADES PEDAGOGICAS:

1. ¿Cuáles son los animales que se utilizan como material de pagamento?

2. ¿Cuál es el beneficio que nos provee el cangrejo en el pagamento?

NIKAMU̶

1. Bema nanno ana'nuga a'buru re'bónu̶ya.

2. Utiri be na'ba a'mu̶kánu̶ya no.

EL SUELO Y LAS PIEDRAS

5. EL SUELO

5.1. OBJETIVOS GENERALES

Resaltar la importancia que tiene el suelo para los seres vivos.

Reconocer el valor sagrado que tiene la tierra para los Ikʉ.

Identificar los sitios sagrados que forman parte del territorio.

RE'NIKWʉYA IN'GWI: KA'

EMEY KʉJZARI A'KUMANA NI IZANUNGWA NEYKA

Ka'se' chʉká a'zʉna ɉina winkwey ʉwa neyka winamʉkánʉya chow a'chwʉn gwa'si.

Ka'gʉmʉ íkʉse' zakʉkanugáy kʉnari ɉwa'sa awi chow a'chwi zweingwasi, niwika' gʉ́mʉsé, mukuy.

Mʉrundwa, gwiáchʉnʉ kwímʉkʉnʉ niwi ka'gʉmuse' kwʉyeyka ɉwa' sa awʉngwasi.

5.2. CONCEPTO DE SUELO

Espiritualmente, el suelo es considerado nuestra Madre. El suelo es la vivencia, la base, el cimiento que ocupan todos los seres desde la creación.

En él se almacena la semilla de las distintas especies necesarias para nuestra existencia.

Es además el sitio de recolección de la cosecha y de otras actividades tanto cotidianas como ceremoniales.

KA' ɟWA'SAMʉ

Niwi ikʉ nʉnkureykari ánugwe siri, Niwizaku zana nanunanno ka' kwey ʉwa neyka, ʉya'ba kwa kwákumey zʉnáy ayéy a'bori winkwey, diwʉ́m diwʉ́m chʉká a'zʉna ɟina kwey, nanʉngwa nari Ey ma ɟuna chʉwi nika awʉngwa name', niwi ka'mʉkanʉngwa nari, kagʉ́mʉse' ayéy ʉnchunhey ʉnzasari eymeygwi nisi zoya name' a'nikuyáy ʉnchunhey kʉnsamʉ sí.

5.3. USOS DEL SUELO

La tierra es útil para todos los seres vivientes.

Para el cuidado de ella es de acuerdo a la norma tradicional que emana nuestra madre tierra. La conservación de ella es por medio de pagamento como todos seres humanos.

A'MʉKÁNʉYA

Ʉyéy a'mʉkana awizʉneyka, ka'se' kwey ʉwa neyka, achuney emi niwi ka'mʉkana awiza nanʉnno.

Ka'gʉmʉ, kinki ʉyéy ʉnkʉnchunhey awkwa name' nanu' nari, ema mamʉ sirigʉn ʉyey ʉnchʉney zori ínʉki

En nuestra tierra vivimos para cultivar para el beneficio común, y se siembra yuca, malanga, guineo, papa, maíz, cebolla, ayu, y otros. También sirve para la cría de los animales y nos fueron asignado para eso. Pero para dar esa utilidad primeramente debemos de realizar pagamentos, es así cuando hay equilibrio.

achuney neki nanu' nari. Ema ánugwe si izasari zoya na' nanno.

Umunukunuse' ri niwi iku nunkureykari ka' gumuse' zamu juna niwi ka'mukuna unzarisi uwa ni, Irokwu, giñia, maranga, trumu, ín, siboya, ayu, awiri pinna juna. Ey awiri ka'gumuri ána'nuga unkicho' si niwi azweingwazey nari a'mukanungwasi. Ey uwe'ki níwiri, mika'mukanungwasi mamurigun izasari ukumuya ni ayéy kunsámuse' a'nikwuyáy, ey awun, dikin kwey zwei'nanno.

5.4. LOS SERES VIVOS Y SUS USOS

Todo lo que existe en la tierra los árboles, los animales, ríos, y la humanidad tienen la misma relación y la misma ley de vivir de reproducirse por eso en la tierra todos nacen. Por ejemplo, lagartos, Conejos, ñeque y otros.

En la tierra depende de nuestro comportamiento, si actuamos mal la tierra y los animales estarían mal lo mismo cuando lo hacemos nosotros.

CHUKA A'ZUNA JINA A'MUKANUYA

Ka'gumuse' inu kwey na'ba, ána'nuga, kun je awiri unisi zoyeyka, iku eymeygwi nisi zoya name', ka'se' neki a'zabori uwari imuchi awiza neyka, íngwi aná'nuga ka'se' uraku ungawi zoya neyka Ema zana: Sariwuwu, kuneju awiri asareku.

Ka'gumuse' ayéy re'gawi uzori kwa uraku gawi zarisi zamu neyka, ka'na'ba inu kwey azey azey kwa a'nu nánuya a'mukunhasi, umúm uzori niwi iku nanuyáy ka'se', ekari zaku za'na nanunno.

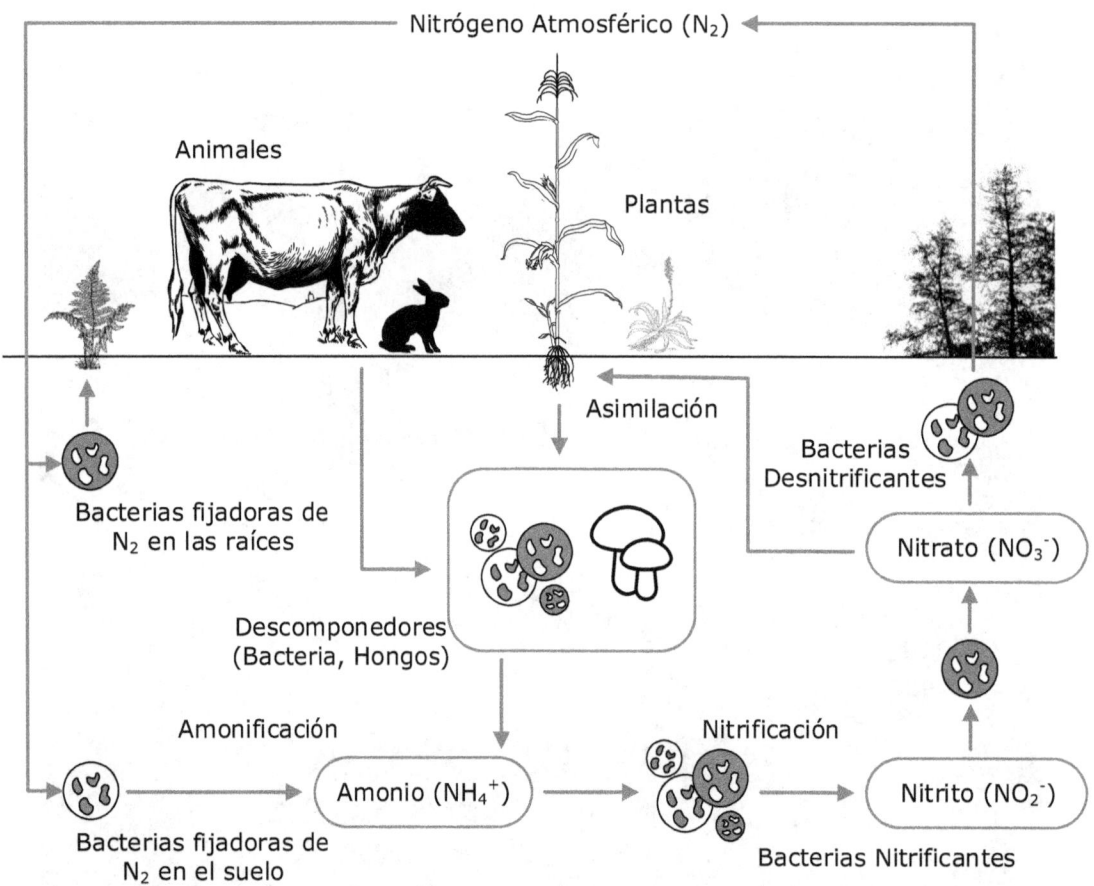

5.5. CLASIFICACION TRADICIONAL

Tradicionalmente, el suelo es clasificado por su color:

Tierra Amarilla
Tierra Roja
Tierra Blanca
Tierra Negra

La más productiva y fértil es la tierra negra.

MAMURIGUN ZAKA'CHO'KUMUYA

Mamurígundi, ka'ri kawa'ba diwún diwún nari rebakwnaki nuga ni:

KA'CHUMI
KA'ZITI
KA'BUNSI
KA'TWIKAWA

Ka' umun zayun kunáriri umún pinna a'nigari atwísukunu neyka ni.

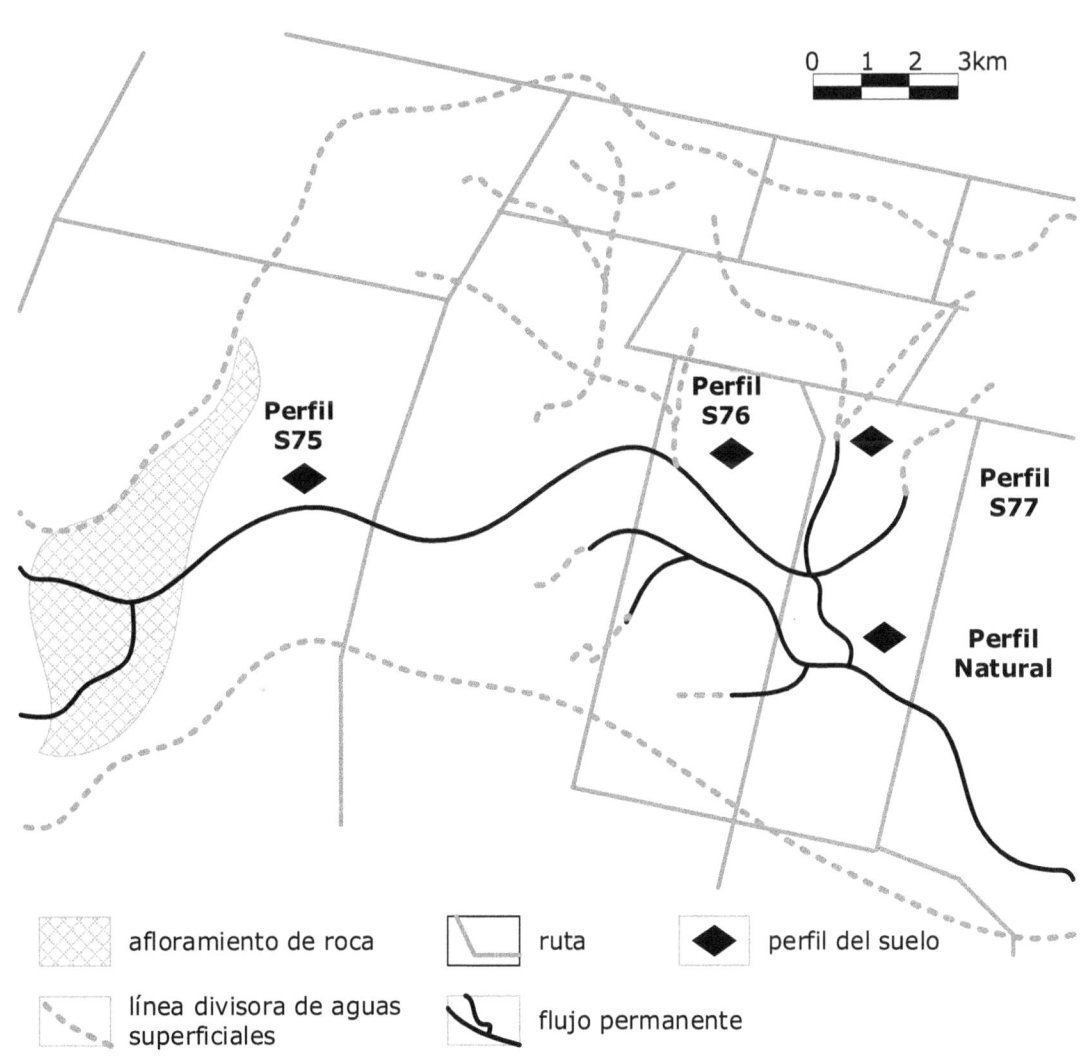

5.6. CLASIFICACION OCCIDENTAL

La ciencia occidental clasifica el suelo en:

Arcilloso   Fangoso
Rocoso   Arenoso
Seco   Fértil

Cada uno de estos suelos tiene sus propias características, por ejemplo, el suelo arcilloso es amarillo-rojizo y el suelo fangoso es muy húmedo.

El suelo está formado por minerales, agua y materia orgánica.

BUNACHURIGUN ZAKA'CHO'KUMUYA

Bunachu zukunsanu siri, ka'ri diwun diwun wásuya ni. Uzu'neyka ka'a'nu azu kawa' ka'jomu neyka, ka'tikun neyka ka'juju neyka, ka' zayun kununna nenun zakukanuga ni. Ey uwe'ri i'ngweti diwiun diwun kawa ni, ema zana: ka'juju neykari chumé kawiri ze'ze' kawani. Iwa ka'tikun neykari eygumun jwirí neyka ni.

Ka'neykari ínuki pinna juna kununna ni. Ema zana je', zayun, a'nu, jieru, oro gunti kununna ni.

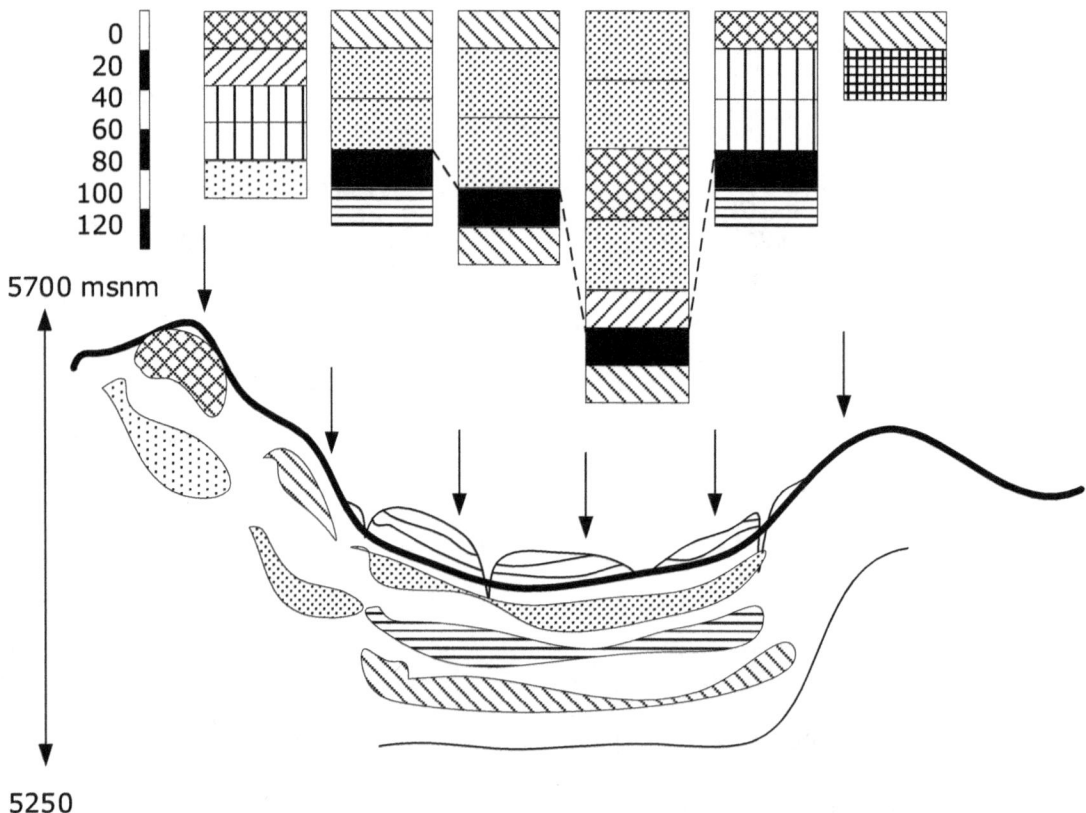

Muestras y Tipos de Suelo

5.7. MANEJO Y CONSERVACION

Por lo general, los Ikʉ dan un buen manejo al suelo; siembran lo necesario para cada familia y antes de hacerlo, realizan los **pagamentos**.

Defender la Tierra es algo íntimo, algo que está relacionado con todos los seres que existen en la naturaleza.

Para conservar el suelo hay que evitar la deforestación y la tala de árboles. Solo así y a través de los **pagamentos** podremos conservarlos de acuerdo a la ley tradicional.

5.8. EL SUELO Y LAS PIEDRAS

De acuerdo a la tradición, en cada piedra se encuentra plasmado un conocimiento que hay que saber aprovechar. Ellas están en la tierra para lograr un equilibrio natural. Son un elemento importante para la enseñanza de la Ciencia tradicional donde se reconocen diversidad de formas, tamaños y colores. Así mismo se diferencian en sus poderes.

En el territorio indígena Ikʉ existen muchas piedras que son sagradas y, por lo tanto, son veneradas y respetadas. Otras, son simplemente usadas para la construcción de muros, terrazas y caminos.

KA' UZWEYKWA SI AWIRI CHUKWA SI

Ikʉ nʉnkureykari kari du awi chukurome' wa'mʉ nimikumʉ' neyka ni. Nʉkin use mika'mʉkánʉkin zʉn zarisiri ʉyari mamʉrigun ey kinki izasari ukumʉya ni.

Ka'gʉmʉ ikwey, azapari ukureykari emi pinna nazey neyka kwʉya, tikumú' nanʉngwasi ey ukumʉya ni.

Ka'gʉmʉ kwey eyki mika'mʉkari zweingwa nʉndi, kʉnkʉnʉ wusʉn guasu nari, swʉn gwasu' nari, awi kéywʉri mamʉrigun chwi zwein duri na' nʉnno.

KA' AWIRI A'Nʉ

In'gweti ka'gʉmʉse' a'nʉ kwʉyeykari azey azey diwʉ́n diwʉ́n zaka'nuga ni, ʉyari ʉ'umʉkanʉngwa'samʉ kawa ni; ʉya. Jinari ka'gʉmʉ tina kwa ʉndérigʉn neyka ni, ínʉki kwey ʉwa chwʉngwari. A'nʉri, kunsamʉ awiri tina chʉzuy nʉneyka ʉnkʉriwiwkwa na' no; kawa' ba (chukirú, ko'kuró, gari kawa, awiri, patiró kawa), eyméy anʉwáy azey azey jumamʉ kʉnʉna ni.

Niwi ka'gʉmʉse' ri a'nʉ diwʉ́n diwʉ́n zaka'nukʉn nuga kwʉya ni (gwiachʉnʉ a'tínkʉnʉ, kukiamuru a'gomʉ awiri a'chokwa), ʉyari a'zuna name' chow a'chwamu kawa ni. I'ngwi eygwi aykʉnʉri urakuse' amʉkamʉngwa umʉnʉ panʉngwa

5.9. LUGARES SAGRADOS

Para el Ikʉ toda la Tierra es sagrada, pero existen lugares especiales a los cuales debemos dirigirnos con respeto. Son sitios sagrados para evitar toda clase de enfermedades o problemas que puedan afectar el equilibrio natural de las cosas.

Algunos lugares sagrados son:

KUNCHIAKU   KARAKWI
KA'SIMURATU   BUNKWANURWA

Como mencionamos en el primer Capítulo, la Tierra indígena comprende desde los nevados hasta bajar al mar, todo esto dentro de lo que se considera como la **Línea Negra**.

muraña ʉnkʉnkumʉngwa ingunʉ ʉnbonʉngwa nenʉ́n a'mʉkʉna ni.

KA' A'ZʉNA KWʉYEYKA

Níwiri ka'ri a'zʉna gunti na'no, ey awe'ki umʉ́n kinki chow a'chwamʉ kawa umʉ́n a'zʉna eygwi kwʉya ni.

ʉya jinari pinna juna me'kusi awkwa (wichamʉ bunígʉmʉ) taga'sʉnugazey nari nukʉn nuga na ni.

In'gwí a'zʉneyka jina ema ni:

KUNCIDAKU   KARAKWI
KAS'SIMURATU BUNKWANARWA

Niwi ka'gʉ́mʉri mʉkuriwakʉ pari chundwa ichona zʉnna ni ʉyari murundwa a'zʉna iminaki nuga'ba undérigʉn neyka na'no.

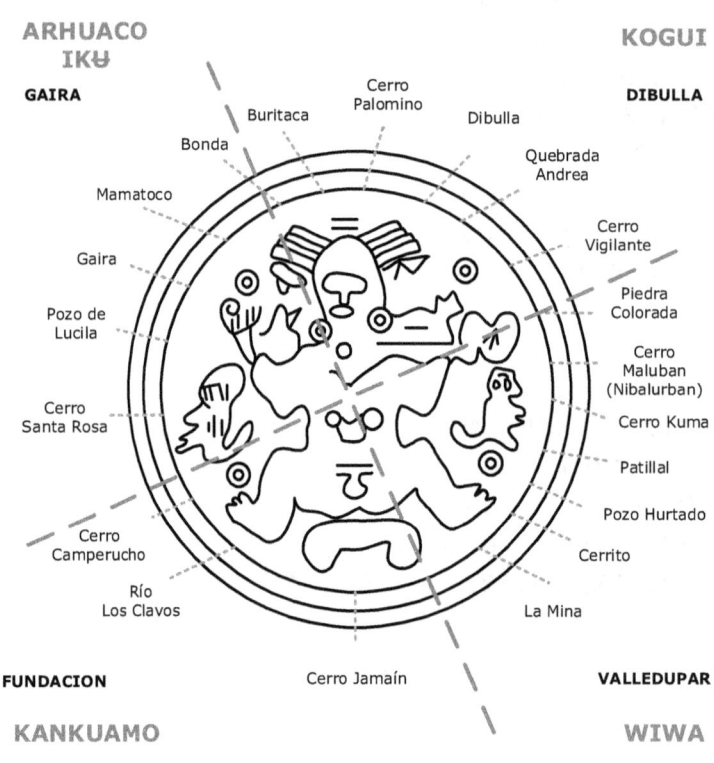

5.10. IMPORTANCIA DE LAS PIEDRAS

Al principio de todas las cosas, a cada objeto, a cada ser, le fue dejada una función que cumplir en pro de sí mismo y de las otras especies.

Para el cuidado de las piedras, el Padre de Todo, encargó a **KUNCHANARWA** para que velara por todas las piedras existentes en el mundo. Para las piedras planas dejaron encargado especialmente a **SEIA WITUA**.

A nivel espiritual, las piedras representan el corazón de todos los seres. De la misma forma hay piedras que representan al ser humano, siendo utilizadas en algunas ceremonias, como, por ejemplo, el A'CHOKWA y el A'GOMᵾ que son utilizados en el matrimonio. También existen otras clases de piedras que representan a los animales y son utilizadas cuando estos se enferman. Estas piedras varían de acuerdo a la clase de animal, por ejemplo: MUNTARI (nombre de un arbusto llamado jobo).

A'Nᵾ A'Mᵾ KANᵾYEYKA

E' a'bori ukwe'ri azey azey ínᵾki kwᵾyey kari diwᵾ́n diwᵾ́n nikamᵾ ᵾnkuzweingwa nari chukumana na ni; akingwi achungwa nari i'ngwi ayeygwi ni.

Pinna zᵾkákᵾri, kunchanarwa mamᵾ za'kinuga chusana, emi a'nᵾ neyka ka'gᵾ́mᵾse' kwᵾyeykari chwi angwasi. Ayeygwi nari mamᵾ seyawitwo za'kinuga chukumana ᵾyari a'nᵾ yᵾn kama ipá kamazey nari chukumana nᵾn. Emi tikᵾrigᵾn a'nᵾri pinna kwᵾn nugeyka pinna zᵾjwawika awga ni. Ema se'tagwi nari a'nᵾ ikazey nari kwᵾya ni.

ᵾya jinari diwᵾ́n diwᵾ́n mamᵾrigᵾn amᵾkᵾnani ema zana kichakwa nariri agomᵾri jwa ᵾnbonᵾye amᵾkuna ni; emeygwt. a'nᵾ, ana'nugazey gwi kwᵾyani ᵾyarí wichᵾkᵾpᵾnige'i azanᵾngwa, ᵾyari aná'nuga juna kwᵾyáy a'nᵾ kwᵾya ni ema zana MUNTARI.

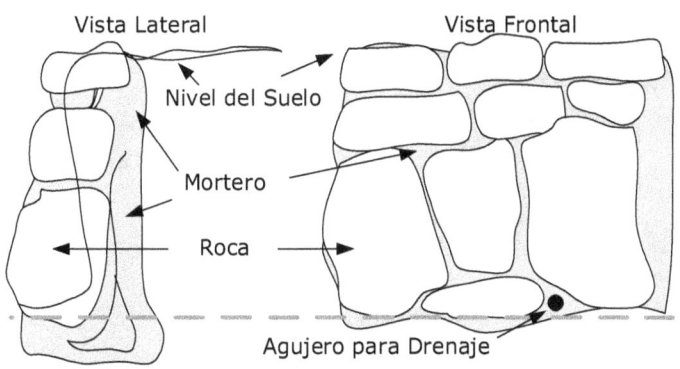

5.11. UTILIDAD DE LAS PIEDRAS

La gran mayoría son útiles para la construcción de murallas, de casas, para el arreglo o construcción de caminos y para servir de sillas. Existen piedras especiales para obtener fuego como es el ARBONU. (es una clase de piedra que se saca el juego).

A'MUKUNHAKUMUYA

A'nuri, muraña ungákukwa, uraku gawkwa, íngunu de kukunsungwari kwa gawungwa nari, iásukwa, gey achunakumungwa nari arbonu zana, Unkuzakunungwazey nari a'nukunu zano, ayu unpunungwazey nari, gunti a'mukuna ni.

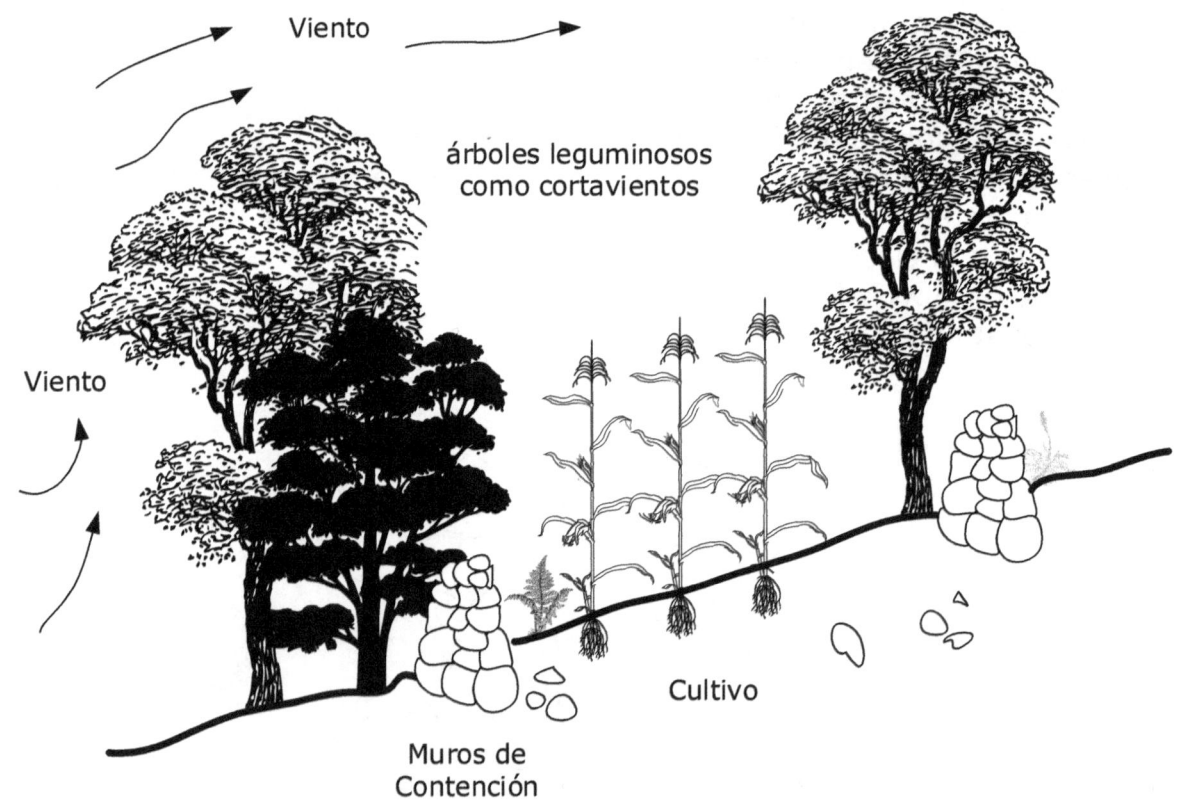

Viento

árboles leguminosos como cortavientos

Viento

Muros de Contención

Cultivo

5.12. CLASIFICACION DE LAS PIEDRAS

1. Arenas
2. Gravilla
3. Piedras
4. Rocas
5. Peñas

5.13. SIGNIFICADO DE LAS PIEDRAS

Las piedras pequeñas que hay en el mar son utilizadas en las ceremonias para ser retribuidas a los Padres espirituales. Hay piedras especialmente para el KA'DUKWʉ (piedra donde se usan para sentarse en el espacio sagrado y puede ser mamʉ o miembros). Dependiendo del lugar sagrado de donde se extraigan, son usadas en distintas clases de ceremonias. Existen peñascos en donde se hacen los **pagamentos** como el GWIÁCHUNʉ y así representan sitios de gran fuerza espiritual.

A'Nʉ Jʉ̵NA KWʉYEYKA

1. UZU
2. UZU GRʉNA
3. A'Nʉ Zʉ̵BURU
4. A'Nʉ DOWRU
5. A'TIMOKU

A'Zʉ̵NEYKA

Mʉ̵kuriwase' a'nʉ zʉburu nikwʉ yeykari mamʉ si nikamʉzey nari kwʉya ni zaku kakʉ jina ʉnkʉga kawʉngwa nari.

A'nʉ ayeygwi ka' dúkwʉzey nari kwʉya ni.

A'nʉri aguneku párigwi ayeygwi azey azey nikamʉ mamʉnarigʉn kwʉya ni.

A'nʉ gʉrʉtegwi nʉnáy agazásaʉna na ni. ʉyari gwiáchʉnʉ nari umʉ́n jumʉ a'nikwʉya nanʉnno.

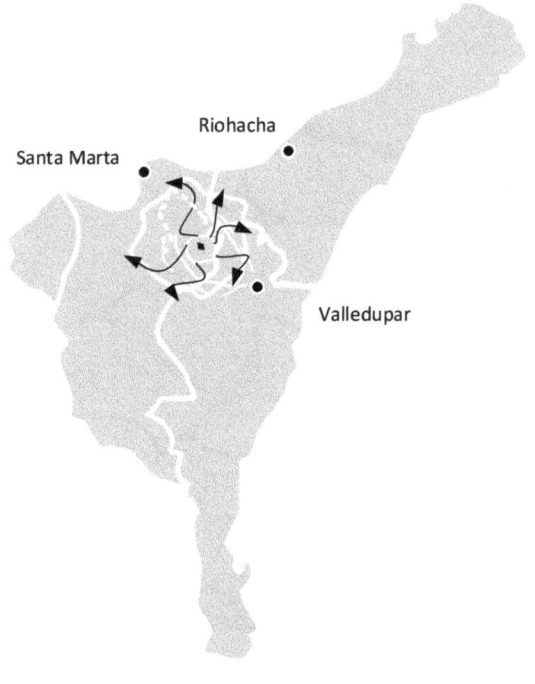

5.14. RESPETO Y CUIDADO

Las piedras representan el corazón de los animales, plantas, hombre y demás especies. Además, algunas son consideradas los huesos de la Madre Tierra y por esta razón debemos tenerle respeto y cuidado. No deben ser trasladadas de un lugar a otro sin el permiso de los mamɨs, esto debido a que se encuentran cumpliendo una misión encomendada en el sitio en el cual cada una se encuentra.

Al darle una mala utilidad se pueden ocasionar enfermedades, accidentes y hasta acabar con nuestras vidas, es por esto que al hacer una construcción se debe primero consultar con el mamɨ.

CHOW ACHWI AWIRI CHWI AWKWA NEYKA

A'nɨri aná'nuga, kɨn, ikɨn awiri pinna kwɨn nugeyka zɨjwawika na' no zaku seynekɨn zɨwesu name chow achwamɨ awiri chwamɨ kawa na'no a'nɨri yamáy dɨmɨsa awwi'na na'no mamɨ ey mikɨyana nanɨn nɨndi, nikwaɨya'buri amɨkanɨngwari kɨtukɨnɨn chukumanahame name' azi awwi'no na' no.

Kunsumɨ a'nikwɨyáy a'nɨ uzwei' nanɨndi wichamɨ mikunaka, buni'gɨmɨ mikunaka awi kéywɨri manɨnka neki wicha awkwekɨ minichuno na'nuko. Ey ɨwame a'nɨri amɨkanɨngwa sɨn. Gwa neri minsa'gwi mámɨse' izasana awi keywɨ to su' nánuko.

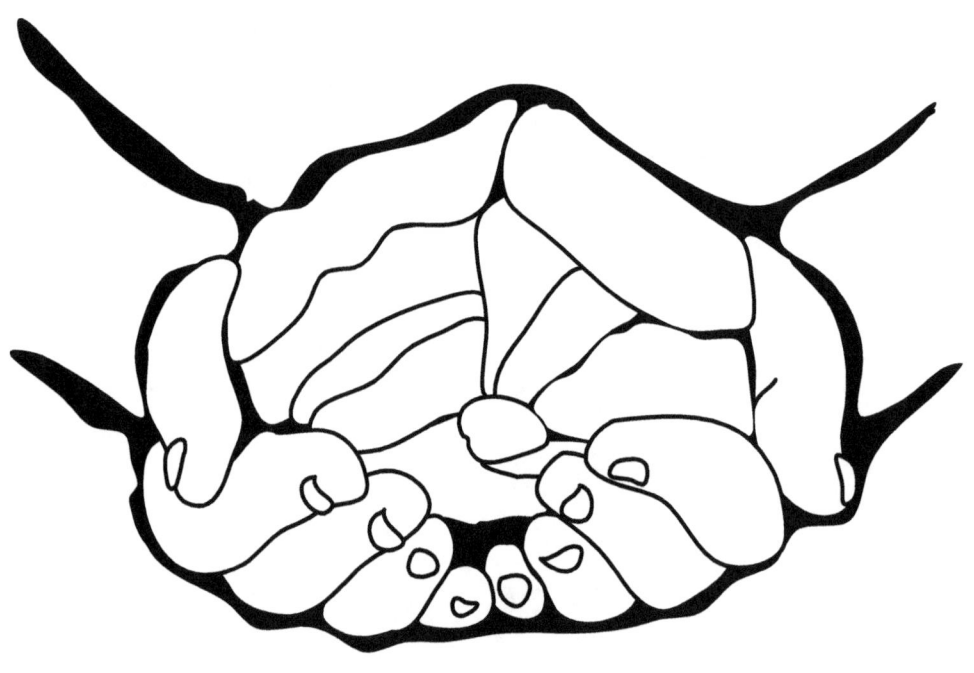

5.15. ACTIVIDADES PEDAGOGICAS:

1. ¿Cómo se llama la piedra donde se sienta el Mamʉ?

2. Dibuje en su libreta las clases de piedra.

NIKAMʉ

1. Azi za'kinuga no a'nʉ Mamʉ ásʉya'ba.

2. A'nʉ pinna ɉuna paperise' gow awkwa.

EL AIRE Y EL AGUA

6. EL AIRE

6.1. OBJETIVOS GENERALES

Resaltar y valorar los conocimientos tradicionales de la comunidad indígena acerca del aire y su importancia para la vida.

Plantear alternativas para la conservación del aire y así, poder evitar su contaminación.

6.2. EL AIRE (Historia Tradicional)

Dice la historia ikʉ, que todo lo que hoy existe y palpamos estaba antes en espíritu. Todo lo que se creó se hizo para que cumpliera una función específica.

El aire también se había creado, pero estaba guardado en un templo (KANKURWA) en un lugar llamado SURIWAKA.

Más tarde amaneció y el aire necesitaba expandirse por todo el mundo, para que así pudieran tener vida todos los seres (plantas, animales y hombres).

WAMʉ

EMEY KʉZARI A'KʉMANA NI IZANʉNGWA NEYKA

Kunsamʉ mamʉrigʉn zanʉ jwa'si awiri chow a'chwi ema WAMʉ SI wazweingwasi a'kumana ni.

Anʉnkʉsʉkweyna chwi awiri wa'mʉ ikumu ari zweingwa awiri, ga'kʉnamʉ a'chʉnkwasi.

Inʉki kwey ʉwa neykase' ka'mʉkánʉya (kʉn, anánuga, ikʉ) anʉnkʉsʉkweynari anʉme' chosʉkweyna umún niwikʉjúnʉya name' niwipáw jinase' kwasi zoyana ni, ey ʉwame' eymi pari ikʉ awiri aná'nuga winkwákuma, kʉn bonagwi una ni.

KUNSAMʉ BIRIN ZANʉ

Ikʉzey kunsamʉ ye'ri, yow pinna kwey, chuzarí ʉwaneykari ánugwe nari nʉnna ni.

Yow kwey ʉwa neykari azey azey enʉnay nari a'mʉkana awʉngwasi kwákumey zoyana ní. wámʉri ayeygwi kwákuma awaki nuse'ki. Suriwaka kʉnkurwase' du awaki nu'na ni.

ingʉ ʉnzanika awʉn nuseri bunsi chana una awiri wámʉri zʉnekʉ a'pʉgena awajunana emey unuge'ri chʉká a'zʉna jinari (kʉn, ana'nuga awiri ikʉ) ayaeygwi ánugwe a'kuma awʉngwasi.

El aire es el vehículo de comunicación y por medio de él transmitimos nuestros pensamientos.

Ey ʉwame' ʉya'ba zʉ'n anʉnkʉsʉkwéy nari; kwana ni. Emari bunsichanu'gwi zʉnna ni.

Eymi unsi ʉnchari nare'ri anʉnkʉsi kwéynari pinna aná'nuga, kʉn, ikʉ kwey zweingwá. Siri, pinzʉnay a'pʉgeri zoyana ni. Wámʉri re'no'. Si awkwasi niwika'mʉkʉna, ni.

6.3. IMPORTANCIA PARA LOS SERES VIVOS

El aire, es uno de los elementos esenciales que creó la ley de origen, ya que desde allí se generó la vida.

En la historia tradicional, se cuenta que, una paloma llamada ɈUKARU, voló hacia el templo, donde estaba guardado el aire y lo expandió por todo el mundo. Fue así como se generó el aire, según la tradición. Este es el aire que respiramos y sin él no podríamos vivir.

INUKI KWEY UWA NEYKASE' KA'MUKANUYA.
(kʉn, aná'nuga, ikʉ)

Anʉnkʉsʉkweynari anʉme'chosʉkweyna umʉ́n niwikʉɈúnʉya name' niwi páw Ɉinase' kwasi zoyana ni, ey ʉwame' eymi pari ikʉ awiri ana'nuga winkwakuma, kʉn bonagwi una ni.

Niwikunsamʉ birin zanʉ ye'ri in'gwi drúnʉya tana, Ɉu'karo za'kinugari suriwaka kʉnkʉrwa nugekʉ anʉnkʉsʉkweyna du ukumana nugekʉ, takʉn, zoyana ni awa ni, umari pinzʉnay ka'tina' kwasʉngwasi. Eméy nari keywʉ anʉnkʉsʉkweyna wamʉ awga neyka, ikwakumana niwikunsamʉse'rí guga ni. Ema wámʉri anʉnkʉkumʉya ni, ey ʉwe'ri ku' nanʉndi kwukwey neki na'nu nanunanno.

6.4. COMPONENTES DEL AIRE

La ciencia occidental descubrió que el aire está compuesto por una mezcla de gases llamados: OXIGENO, Nitrógeno y Dióxido de Carbono.

Es el OXIGENO el elemento que utilizamos para la respiración.

WAMUSE' JUNA KUNUNEYKA

Bunachu zukunsamu siri wámuri diwun diwun junase' kwa in'gwi nánukin re'guwa chwuzunhasa awaki nugari eymey zaka'nuga ni: nitrógeno, OXIGENO y dióxido de carbono.

OXIGENO: Emari wamu anunkukumungwa niwi kámukuna ni.

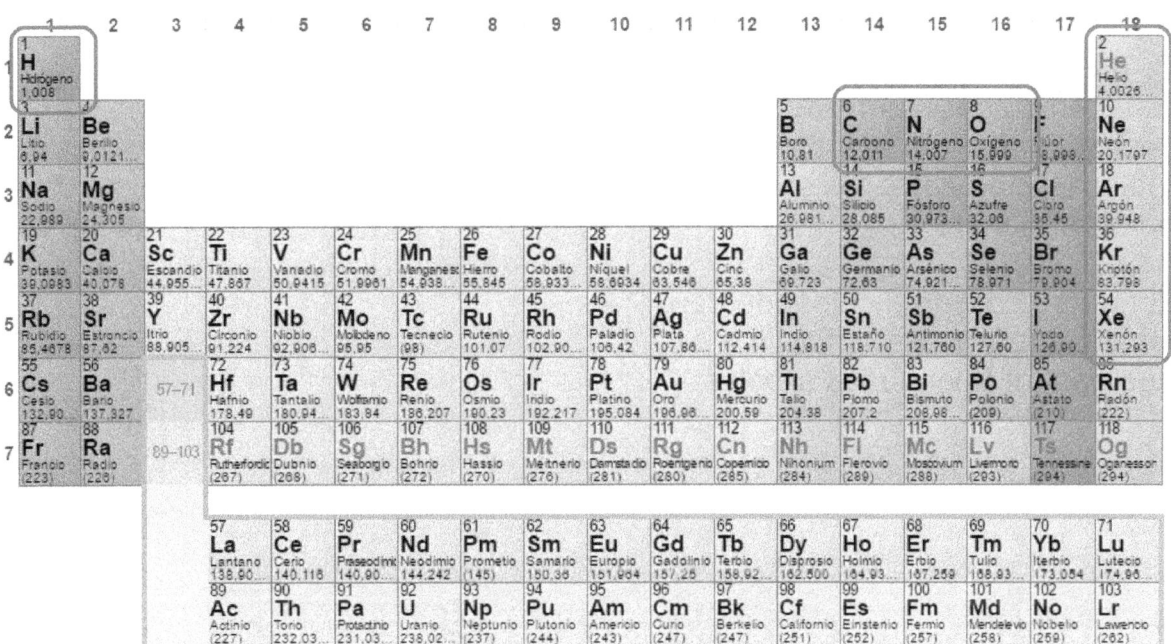

6.5. CONTAMINACION DEL AIRE

Actualmente, el aire se encuentra muy contaminado, especialmente en las ciudades, esto debido al humo de las chimeneas, de los carros y por las grandes industrias.

Todo este aire contaminado nos causa enfermedades, destrucción de los recursos naturales, deterioro de la capa de ozono y mucho más.

WAMU WA'MIKUMUYEYKA

Iwa se kunánukwa nanundi wámuri bunachu zu powruse'ri zacha urákuse' zanu, zacha karose'zanu awiri inuki bonuyeku zanu, zachari anunkusukweyna wa'mu sí zoya ni.

Ema' wamu wa'mu ikumey zoya nari wichamu niwi kunasi pinna kwey uwa wa'mu sí awiri ema jwi ka'se jumu a'nisi kinkumun gwa'su neyka awgeyka ayeygwi.

6.6. CONSERVACION

Para conservar el aire, debemos tomar conciencia de que todos somos responsables de mantener y mejorar el medio ambiente que nos rodeas.

De acuerdo con la ley de origen, todos pertenecemos a una sola Madre, y es a ella, a quien los ikʉ deben ofrecer los pagamentos, tanto espiritual como material.

La no conservación del aire nos trae como consecuencia un desequilibrio para la vida y una mala relación entre los seres de nuestro planeta.

El aire se conserva cuidando de los bosques, no haciendo quemas, ni talando los árboles.

WAMʉ CHWAMʉ

Wamʉ chwi zweykwasiri i'ngwikin zaku kwa niwi páw niwi kʉnʉna na' no re'kusa ukure du nanu nanno, zasari ɉwi ekʉzusi zownʉ a'wesi awi uzwein kéywʉri inʉ kinki niwikʉchúkumey awiri a'bori zorie pari niwikunsamʉsin in'gwi nʉkin ikʉ nʉnna niwikʉzaniku'nanno.

Emi anʉ́nkʉsi awkwa neyka chu' nari zweykwa nanʉndi: pinna ɉuna dunanu neyka, wichamʉ, ánugwe mekʉchunhkwa zʉ'n kwákumey zoriza ni, awíkʉchu kéywʉri pinna ínʉki kwey ka' ti'na ʉwaneyka ín ayeygwi yówkʉchʉ kʉchonu' nanno.

Anʉnkʉsʉkwéy nari azi awi chwʉkwa nanno me'zanʉndi kʉ́nkʉnʉ chwi, swʉ nari, beysu nari zwein keywʉ e' a'bunnay kawi keywʉri anʉnewesi zwei' nanno.

6.7. ACTIVIDADES PEDAGOGICAS:

1. ¿En dónde se origina el aire?

2. Consigue un globo, llénalo de aire de tu boca y luego lo guardas. Describe que pasa.

3. ¿Cómo el aire contribuye en la salud del cuerpo humano?

NIKAMʉ

1. Wámʉri bekʉ keywʉ kwakumʉya nanno.

2. Globu ʉnkʉtaka awiri eymi wamʉ ko' re'gow awiri du awa awkwa. Ey unáyuri emey nisin zachʉn a'sa awkwa.

3. Niwigʉ́chʉse' du niwe'zanʉngwari wámʉri azi nisi nwingunámʉsʉnno.

7. EL AGUA

7.1. HISTORIA TRADICIONAL

La Madre del agua es **NAWOWA**, ella tenía dos hijos: **YUNTANA** y **JUNKWITI**; ellos se pusieron a cavar en la tierra haciendo huecos hasta que NAWOWA y KAKU SERANKWA comprendieron que, si sus hijos seguían cavando, esos huecos se irían a llenar de agua y la gente no tendría donde vivir. Entonces NAWOWA y SERANKWA hicieron formar los cerros en lo que aún todo era tierra totalmente plana.

Mientras los arroyos son llamados hijos menores de NAWOWA, los ríos grandes son considerados hijos mayores.

En los lugares sagrados, el agua no se debe recoger con vasijas como ollas, valdes y cantaros, porque ella se asusta y se va para donde la Madre. En estos casos se utilizan calabazos y totumas para la recolección.

JE'

KUNSAMU BIRIN ZANU

Je' zákuri NAWOWA za'kinuga ni. Uyari mowga gumusinu kununa: YUNTANA awi JEKWITI; I'munu kéywuri agumusinu jinari ka' winkwisun pana keywu winuna, ey uye'ri NAWOWA Serankwasin wina'zareri ka' kwisi zwein punna kínkiri.

Je' ka'zanisiri yow íkuri kukwey neki winikizanu awkinanno keywu wina'zunna. Ey uye'ri Serankwa Nawowasindi gwirukunu gawun pana winowna, ey uye' nunkuri ka'ri yow suwanu zu'n zunna.

Jecho' awgeykari Nawowa zu gumusinu awu' a'zuna nunna ni iwa
jeswi zari zoyaki nugari gumusinu eygumun a'zuna nunna ni.

Beki azasari zoya'ba, u'munu neki punsi zuna'bari Jeri beki pótisin, pastasin prátusin neki a'gíkukwey neyka nanu neyka ni, emey awundi gakumeyri azaku siku u'bunneku unzoya ni. Emey uwame' sosin, chókwusin zun a'gikun du nariza ni.

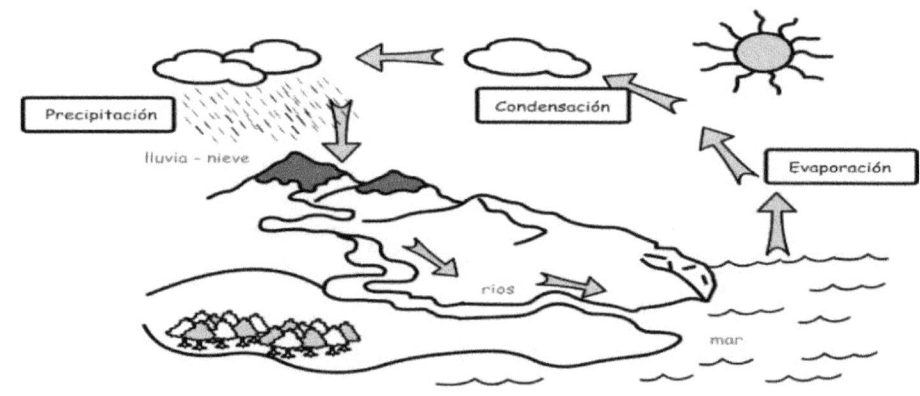

7.2. EL AGUA: SIGNIFICADO TRADICIONAL

Hay muchas cosas parecidas que nos rodean y que a simple vista parecen iguales, pero analizándolas detalladamente vemos que cada una cumple una función diferente. Así se puede pensar del rio, el mar, las lagunas, los manantiales, los arroyos y todos aquellos lugares por donde el agua pasa, nace, o se detiene. Aunque contengan agua, poseen un significado cultural diferente, pero no separado el uno del otro.

Veamos algunas definiciones para comprender un poco mejor estos conceptos:

7.2.1. EL RIO

Dentro de la cultura Ikʉ, el rio es un camino espiritual largo que tiene varios portones. Por ese camino tienen que viajar todas las almas cuando el cuerpo muere. Si una persona muere y estuvo llevando bien la tradición, su alma no tendrá ningún retardo en el recorrido y al llegar a la última puerta le dirán a donde debe seguir para unirse al padre **KAKʉ SERANKWA**.

En cambio, si una persona muere y no estuvo cumpliendo con la ley tradicional, su alma se demorará mucho porque en cada portón tendrá que ir haciendo pagamentos, y así, para cuando llegue at ultimo portón este purificado y pueda unirse con **KAKʉ SERANKWA** en el

NIWIKUNSAMʉ SI ZAKA'NUGA ɈINA

Ɉeswí, Mʉkuriwa, Ɉiwʉ, Ɉecho' Inʉki neki ɉina zʉ'n du kʉnana'nu nari zun chwʉkwa nanʉn kínkiri diney kawáy gunti ʉwanu' nánʉko, ey ʉwe'ki tikʉrigʉnkin chukwa nanʉndi azey azey diwʉ́n diwʉ́n a' mʉkanʉkweyna winʉkʉna ni. Eymase' ta warʉnukwey niku'nanno; mʉkuriwa, ɉeswi, ɉecho, ɉiwʉ, emari sigún kʉzagichʉn kwa tin ne nikʉnki tikʉrigʉn kinki azey azey zaka'nuga nanʉnki agwi gunti nanay niga ni.

Umʉn niwikuwa'nʉngwásiri azey azey neyka zaka'chó kumʉya ni.

JESWI

Emi niwikunsamʉ siri ɉe' kínkiri íngunʉ nani awga ni, íngunʉ yamʉn yamʉn gumʉ a' nisi iku neki ʉnwicha awʉndi eymitá ánugwe ʉnzoya awga ni.

In'gwi ikʉ keywʉ wicha awiza nanʉndi ikʉrigʉndi ɉe'ri íngunʉ na ni awga nanʉndi eymiri ánugwe kachwi wazoya ná ni, du arunhʉya nannʉndi ingunʉndi katigu kari ukumu gwawa nari akowna o'kʉ'ɉu chanʉkwekʉ kinkuma ʉ'wa ni; eymiri azey azey ʉnkwʉngwarigʉn ʉndebónʉya ni ey unige'ri niwi páw kakʉ serankwa sikʉ kinkumʉya ni du arunhanari. Iwa ánugwe du a'niku nari zoyana nanʉndi ingwi nari zwei' nari yamʉn yamʉn akʉyʉ kʉnugay zasari ɉina anuni'na anʉnchunʉn

CHUNDWA (lugar donde llega el espíritu y se encuentra en el último pico nevado).

keykumey zoya ni emari akowna kinkumayeri kunuku' nari kinkumeyri kakɨ serankwasin chundwakɨ ɨnzweingwasi.

1. Rio Magdalena
2. Rio Orinoco
3. Rio Negro
4. Rio Amazonas
5. Rio Madeira
6. Rio Tapajós
7. Rio Xingú
8. Rio Tocantins
9. Rio San Francisco
10. Rio Paraguay
11. Rio Paraná

7.2.2. EL MAR

Al comienzo todo lo que hoy es la tierra, estaba ocupado por el mar, incluso el mismo nevado, pero luego se fue retirando hasta donde se encuentra hoy.

En el mar fue donde tuvieron origen todas las cosas, por tal razón, se le considera la Madre de todo lo que existe en el universo.

En el mar se le hacen **pagamentos** a todas las cosas al igual que a LWAWIKU, ARWAWIKU, ATISEYNINTE, y SEYWKWIN (nombres de fuerzas espirituales y nombres de personajes que mantuvieron esa fuerza) los cuales representan los puntos cardinales norte, sur, este y oeste.

Del mar se traen muchos materiales para la realización de trabajos tradicionales o se hacen en él trabajos espirituales.

Entre los distintos materiales que se traen del mar podemos mencionar algunos como GUN, JO'SA y JO'TINWU (nombres de tipos de caracol del mar) los cuales representan como material de pagamentos.

Actualmente ll acceso al mar está repartido de la siguiente manera: de Palomino hasta Riohacha, le corresponde a los KOGI y a los WIWA del rio Palomino hasta Gaira le corresponde a los IKU y así las tres etnias pueden hacer

MU'KURIWA

Kutukunundi iwa ka'chuzuna kínkiri mukuriwa zun pinzunáy chuzuna ni. Ey unayu jwun jwun uyuri zoyanari iwa unnuna'ba kinki chukumana. Mukuriwase' pari pinna juna kwákuma zoya nani ey uwame' pinna emey ka'gumu jina kwey uwa neykari pinna zaku unkuwunkura ni.

Mamurigun gwákukwa nanundi mukuriwiákuri arwawiku. IWAWIKU, ATI SEYNEKUN, SEYUKWIN, ATI SEYNINTE zana nari jwi ekuzusi wazoya ni. Eymi pariri eymeku zanu a'buru kwa na' nandi eyku zasanukwéy zanundi uyéy awi wazoya ni, emari jwi a'chónuya se kunari.

A 'buru mamuse' kujúnuya mukuriwaku pari wanugeykari ema
ni: gun, jo'sa, jo'tinwu awiri eyki na ni.

Mukuriwari niwi kunsamu siri ey méy kawi niwi kuchukúmey zoyana ni parominu pari Riwacha kindi kuguwa awiri wiwa zey nari, iwa parominu pariri gaira kindi wintukwa zey ema ney kari.

Máykunu juna iku nunkureykari inuki niwi kujúnuya awiri a'mukanungwasi wa zweingwa; zaku jinari emey kawi Niwi kuchukumana ni ey uwame' zaku nikwuyékuri poso colorado za'kinuga ni makuriwazey nari azasanuyeku.

uso del mar y de todas sus cosas. La Madre del mar está ubicada en el sitio que hoy se le conoce con el nombre de POZOS COLORADO cerca de la ciudad de Santa Marta.

7.2.3. LAS LAGUNAS

Aunque en la Sierra Nevada de Santa Marta estén ubicadas múltiples lagunas, cada una con un significado diferente, todas son importantes dentro de la cosmovisión Ikʉ.

La laguna NAWOWA, es considerada la Madre del agua. Ella se mantiene en constante movimiento para mandar el agua a todas partes del mundo, así como se mueve el corazón en nuestro cuerpo y manda la sangre a todo nuestro organismo.

De las tantas lagunas que hay, en la Sierra, nombraremos algunas: ATI KONKERA, ATI GUNDIWA, y ATI MʉNDIWA; de ellas se sacan unas piedras especiales para uso en matrimonios. A esas piedras se les conoce con el nombre de ACHO'KWA.

Entre el Mar y las Lagunas, existe una comunicación espiritual permanente, del Mar a Las Lagunas, se transportan A'BURU (todos los materiales de pagamentos) y, de las Lagunas al Mar.

ɈIWʉ

Du se kʉnanʉndi chundwákʉri diwʉ́n diwʉ́n zaku ikwʉya nari keywʉri azey azey ɉwi ékʉzusi zweykwey neyka ne'ki yow niwizeyri a'zʉna gunti na ni.

Ɉiwʉ Nawowa za' kinugari zʉnʉ kin dʉmʉnʉ nusiri pinsʉnáy emi ka' ɉina ɉe' kwʉngwa re'gawi zoya ni inʉ ne gwákʉkwa nanʉndi niwiɉwawikari pinzʉnáy niwigúchʉse' ɉwa gá'suya nanʉndi eyma zana gwi nari a'mʉkʉna ey awga ni.

Umʉnʉkʉnʉ síkʉri ɉiwʉ zari zoyaki nugari ingʉ zʉguró winneyka ni. In'gwiri Ati mʉ́ndiwa, awga na'no. Ey ʉweri eymeka gun a'nʉ mamʉse' kʉjunʉya kwʉn nuga ni. Eyma a'nʉri, a'chokwa awga, ɉwa ʉnbonʉye' kʉjunʉya ni. Mʉkuriwa nariri ɉiwʉ sindi dikin windeno'si zoya ni. A'buru mʉkuriwakʉ zánʉri ɉiwʉ Sikʉ ʉnwazoya ni, iwa ɉiwʉ sikʉ zanʉ mʉkuriwakʉ.

7.2.4. LOS MANANTIALES

Se llaman así a los sitios por donde vemos que brota agua a la superficie de la tierra, lo cual puede ocurrir entre peñascos y piedras, o simplemente del subsuelo en zonas fértiles.

Los Manantiales, tienen significados especiales, de acuerdo con el punto de orientación cardinal en donde se encuentren, así:

Los Manantiales que están al norte, sus aguas son consideradas fieles, puras, de buen sentido tradicional, por lo tanto, sus aguas son utilizadas para actos ceremoniales como el bautizo de recién nacidos y demás trabajos de buena suerte.

Para los Manantiales del oriente, sus aguas son utilizadas para trabajos que tengan que ver con un buen futuro. Esos Manantiales son puntos centrales porque de allí se reparten las aguas para las demás áreas del territorio. Con el agua de estos se les hacen pagamentos a los cuatro puntos cardinales.

Las aguas de los Manantiales ubicados en la parte sur se utilizan para hacer limpieza de todo el cuerpo y de otras cosas.

En cambio, para los Manantiales del occidente, sus aguas se utilizan para baños mortuorio y otros menesteres. Además, por ser consideradas aguas débiles,

ɈECHO'ɈINA

Ema ɉecho' kwey Kari ɉe pies zoyeyka ey awgani ʉyari azey azey gwi nari izasánʉkwey neyka ey agwaku' nanno, diwʉ́n diwʉ́n ká' tina chwʉzʉna'ba.

Ema ɉʉna neykari bemáy pari nakʉndi ʉya Kiay sekʉnʉna ni ema zana:

Arusi kiay yunʉndi duna nani. Ey ʉwame' umʉ́n kinki amʉse' a'mʉkanʉngwasi uzoya na ni. Ema zana gʉmʉsinʉ ɉwa kʉkumʉye' awiri pinna ɉʉna a'buru ukumʉye, eyma ɉe mika'mʉkánʉkwa ni.

Iwa ɉwi a'chunárigʉn pari yunʉyeykari du zari zweykwa nariazásʉna na ni. Emari umʉ́n du nari pinzʉnáy zanʉ nanʉkin nari yuri zoya ni. Iwa ɉwi anʉkʉmʉchʉyárigʉn zánuri ga'ʉnbori zoye' awiri du ʉnkʉkumey zoye' kʉjunʉya nani.

Iwa yuri kwa wari'gʉn gwákʉkwa sírigʉn pari ipesʉyari Eysa anukumey zoye' kʉjúnʉya nani. Ey uweri emari umʉ́n ɉumʉ a'niku nari arusi zanʉ, ɉwi a'chunáy zánʉri ɉwi kʉmʉchʉyáy zanʉse'ri igunámʉsi zoya ni; ey unige'ri dikin ʉnkʉngunámʉsi rizweingwasi.

los Manantiales de los otros tres puntos cardinales tienen que ayudarlo para que haya un equilibrio tradicional.

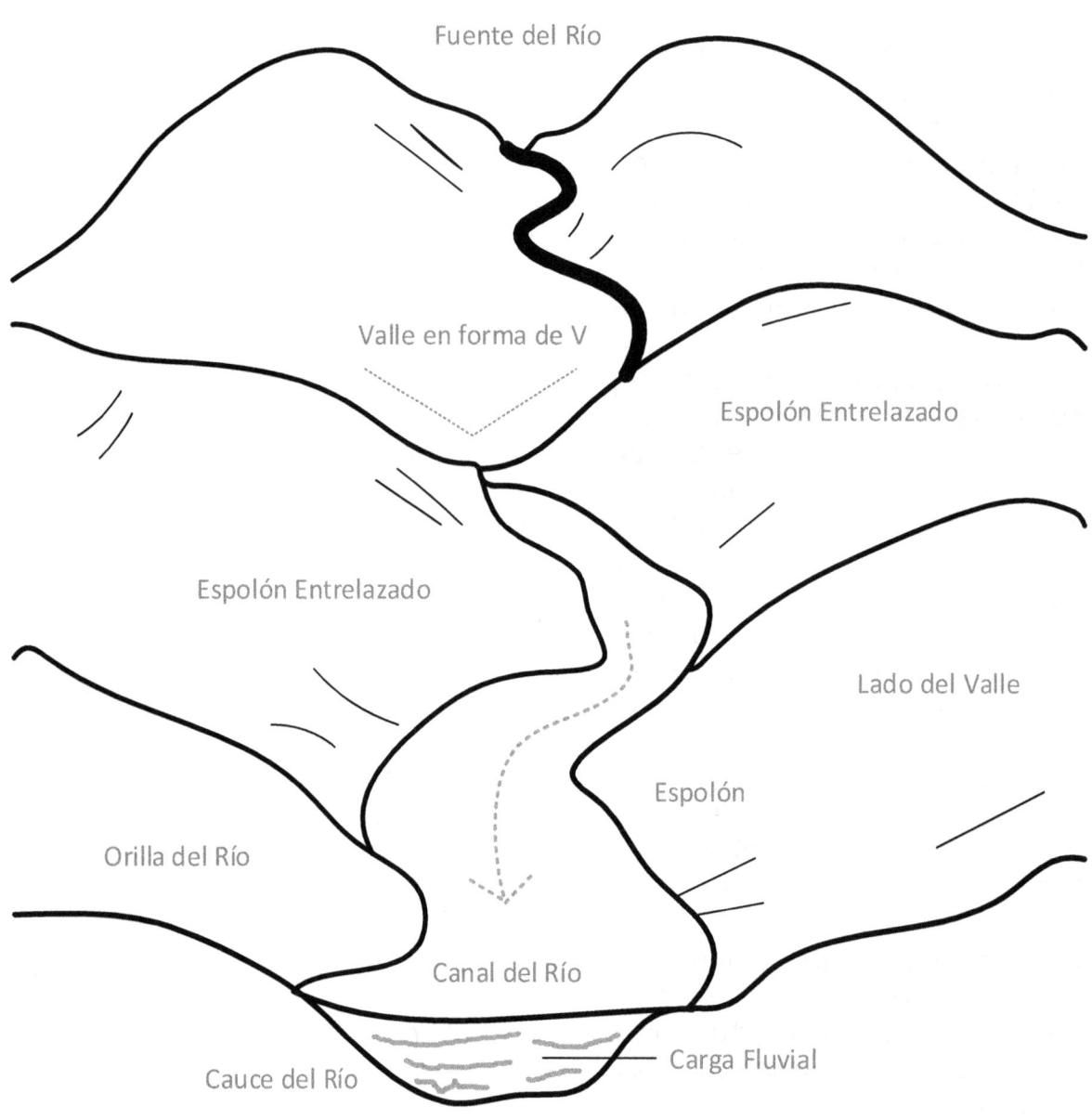

7.2.5. LOS ARROYOS

Así como en nuestro cuerpo hay una cantidad de venas gruesas y otras más delgadas, y unas aún más delgaditas, y todas transportando sangre hasta las más mínimas partes del cuerpo, así mismo son los arroyos sobre la tierra. Son una red de conductos por los cuales fluye el agua a todas las regiones del territorio.

Usualmente los Arroyos tienen su origen al pie de un árbol, cerca de la falla de una montaña, debajo de una piedra, o a la orilla de un barranco; y aunque inicialmente solo brota una mínima cantidad de agua, a medida que hace su recorrido va aumentando su caudal gracias a otros arroyos y fuentes de agua que se le suman. Al final de su recorrido llegan a un rio o al mar.

JE' ZUGUMU

Emi niwigúchuse' se unkunánukwa nanundi jwasía niwi kunari chine hi neyka zuzukin neyka awiri umún zu' neyka niwikunari zoyeyka, eymay azey azey jwa kunari zoyéki.

Anunni'kumey zoriri a'kowna guchu niwikununékukin kinkumey zoya na ni. Ey uwame' eymase' tá gwi nari je zugumu jinari yamun gamungwi je kunari zoriri unni'kumey zoye'rí je' swi siku kuchari, ey mi pariri umún je'zari zoyaki nugeku mukuriwa siku kuchánuya ni.

7.3. USO COMUN DEL AGUA

Es la manera más sencilla de utilizar el agua todos los días, en la preparación de alimentos, lavar nuestros vestidos, bañarnos, darle de beber a los animales y tomar nosotros. También para regar algunos sembrados, lavar los trastos de la cocina, despulpar, lavar café y otras actividades más.

Aunque sea una actividad diaria siempre debe haber un permiso espiritual y saber de dónde se puede coger el agua que se va a utilizar.

SIGIN JE' A'MUKUNA

Ema je' neykari sigin ey uwin me'zánukwa ne nununki uya gun anume'chá' suya guneri diwún diwún unniwi ka'mukanungwa na'no. Ema juna a' ey awkwa'ba, awmey awkwa'ba ana'nugase' a'kawi awkwa, unkuzarosi, a'wkwa'ba, nari guntí, eygwi umún pinna junazey je' kínkiri niwika'mukari zoya nánno ey uweki Sigin niwikamukányua ni, ne awanunki, áykunu zaku ikwey zuya gun nanundi uya izasari unka'zasisamu mi gunkwun du na' nanno.

7.4. USO CEREMONIAL

El Agua, es un elemento de mucha importancia para la realización de trabajos ceremoniales.

De acuerdo con el trabajo que se piensa realizar, el MAMU dirá de qué lugar se puede recoger.

El agua tiene tanta utilidad en las actividades ceremoniales, que, para describirlas en esta unidad, se nos haría demasiado extenso, sin embargo, podemos explicar algunas de las más importantes.

7.4.1. USO CEREMONIAL DEL AGUA AL NACER UN NIÑO

Cuando nace un niño, el MAMU dice en que sitio se puede ir a coger el agua. Esta agua debe ser recogida en un calabazo o totuma y por lo general son traídas de los manantiales que están en la parte norte de la Sierra, por ser esas aguas de gran poder espiritual.

El agua utilizada no se puede botar en cualquier parte. Una vez usada, es recogida nuevamente para luego ser enterrada por el MAMU.

Después de esto, el niño puede bañarse en cualquier otra fuente de agua natural.

MAMUSI JE A'MUKUNA

Je' kínkiri binzari nenún ka'mukánuya na'nanno mamu sí a'
buru ukumuye' nunkuri kujunuyákuchugwi gun nanundi.

Ema je' agusi awízuna mámuse, eymekupari gukukwéy nariza ni gwaku'nunno mámuse' achunaki nu'nige. Je' kínkiri mamu riwun kínkiri pinna junazey a'mukuna' ni; ey uweri yow a'sukwa umungwi gari nisiza name', umun jwa'kumukwéy neyka zun emi zaka'chósukwa ni.

GUMUSINU KWAKUMUYE' AMUKANUYA

Gumusinu kwákumuye zoye'ri jwa anukukumey zweingwásiri mámuse' guge'ri: "kúrigun kiay zanu jecho' yúnuya gukukwa awgani", e mi pariri uyari umún kumu a'nisi jumamu kununa awga ni, yow ema je' wanasi awizcykari pótise unaku' nari sose' chókwuse' unákukwa awgani.

Ema je gumusinu unkwákumey zoya neykari yanké'kuchu wite awkwey na'nu neyka ni uyari mámuse', aseynáriri ka,' anisa zun uwa ni.

Ey unayu nungwari, gumusínuri bema jese' neki anukwásukwey nanu nanno.

7.4.2. USO CEREMONIAL DEL AGUA CUANDO UNA MUJER DA A LUZ A UN BEBÉ

Justo después que una mujer da a luz, no puede bañarse en ninguna fuente de agua natural. El agua para ese primer baño, luego del parto, es traída de un manantial que el MAMU indique. Esa agua, es traída en calabazo o totuma. Después que la mujer toma este baño, esa agua es recogida para ser enterrada junto con la placenta del bebé y el agua con la que se bañó al recién nacido.

Tanto el baño del niño como el de la madre son necesarios para presentarlos a los Padres ancestrales.

GWATI GU̶MU̶SINU̶ U̶NKU̶TOSU̶YE' A'MU̶KU̶NA

In'gwi gwati u̶nku̶zato u̶we'ri yu̶nkeku̶chu̶ je'se' owma neki awkwey na'un neyka ni. Owmu̶ngwa kínkiri, mámu̶se' jecho' ipesu̶yeku̶ pari unáku̶kwa je kínkiri sose', kwa chókwu̶se' zu̶'n unáku̶kwey niga ni.

Gwátiri anu̶nku̶zato anu̶we'ri je anowmanari, je gu̶mu̶su̶ anowmanasin nariri aku̶nkáwu̶sin yow ka' anasi mamu̶se'ri u̶wa ni.

Yow je ana'mu̶kanu̶ngwa' kumanari zaku siku̶ anizazánu̶kwa mamu̶se'ri ku̶nisi zoya ni, ey u̶weri gu̶mu̶sinu̶ u̶nkwakumana nariri azaku anukwákumey zoyeykari zayu̶n nisi zoya ni.

7.4.3. USO CEREMONIAL DEL AGUA CUANDO UNA JOVEN EMPIEZA SU DESARROLLO COMO MUJER

Cuando una joven o adolescente empieza a desarrollarse como mujer, debe comunicarle a su madre para que ella le avise al MAMU y él se encargue de hacerle el primer baño de SEYMUKE.

Después de hacer los trabajos ceremoniales, el MAMU le dirá el sitio donde debe ir a bañarse. Allí, la joven sacará el agua, en un calabazo o totuma, se retira unos metros del arroyo o rio y se sentará en un KUNKAWU, asignado por el MAMU; en donde, con la ayuda de la madre u otra mujer, comenzará a echarse el agua desde la cabeza hacia los pies. Una vez terminado este baño, la joven habrá sido reconocida como mujer y ya no será una niña antes los ojos de la comunidad y de la ley tradicional.

Luego del baño de SEYMUKE, podrá bañarse en cualquier rio o arroyo que ella estime conveniente. El agua con que se baña una SEYMUKE, se denomina MITUKWA.

Dicha agua no debe ser regada en el Suelo sino depositada en una vasija apropiada para luego ser llevada por el MAMU al lugar que él haya escogido.

GAYSINU ACHUNA NISI ZOYE A'MUKUNA

Gáysinu achuna nisi zoye'ri azaku keywu kuya awnanno; ey unige'ri mamuse'ri anukwasi séymuke re'gawungwasi. Yow nikamu anekuchuna ukumuye'ri, mamuse'ri eymeku owmun zweykwey neyka ni, eymékuri so'sin kwa chókwusin zun agikukwéy neyka ni, éymiri azákuse' igunamusiri sakun minsu
ingiti undosi keywu ówmuya ni. Ey awiri je anowmanari yunke kuchu dósukwey neki na' na ni, beki yow a'do unájuri mámuse ' eymeku uzweykwey kawin a'zuneri ayéy awi uzoya ni.

Yow nikamu anukuchona anuwé nungwari, mamuse'ri be neki awmukwéy ni gwa' uweri gaysunuse' anowma a'junuya'ba, anowmukwéy neyka ni.

Gáysunu achuna ne'ri je anowmanari: MITUKWA AWGA NI.

7.4.4. USO CEREMONIAL DEL AGUA EN CASOS MORTUORIOS

Cuando alguien muere, los hijos, la compañera y demás dolientes, tienen la obligación tradicional de purificar sus cuerpos y alma para no tener problemas en el futuro. Para dicha limpieza, es requerido un baño de purificación.

Ese baño de purificación es dirigido por un MAMU. A esa clase de baño se le conoce con el nombre de **EYSA** y de acuerdo con la forma como haya muerto la persona, así será el trabajo de limpieza y purificación espiritual. Por ejemplo, cuando la persona muere en forma natural, los familiares pueden bañarse en cualquier poza que el MAMU haya preparado. Pero si la persona muere en forma violenta, el EYSA debe realizarse en los pozos BUTISINU (laguna o pozo de agua que se llama laguna).

EYSA UKUMUYE A'MUKANUYA

Bema neki wichi zoye'ri asinamu jinari. Yow du unkukusukwa niga ni; emari tukin pariri umun du wina'zari.

Mamu ema eysa chwi zweingwa neykari kujunuyase' unkaguna neyka ni.

Yow eyma nikamu kunsámuse' kwuyari eysa awga ni uyari azi nisi wichanandi uya sekunari gun mámuse'ri chwuya ni.

Inu negwákukwa nenanundi bema neki wichamusínkuchu wicha owna nanundi be neki owmukweykuchu kununani, ey uwe'ki gumeynari wichuye' nungwari jese' butisinu niga'ba owmukwa kuniga ni. Ey uwe'ki emari yow mamuse' eyméy guga ni.

Je' waséykumey zoya'bari in'gwiri umunkuchu chow a' chwi zweykwey neykagwi kwey zoya ni. In'gwi zakachosukwa nandi: JWI KUNOWMA ema kínkiri mamu sírigundi péykuchu a'zuna neyka ni, yamun yamun je a'kwey zoyaki nugay re'masi win zoya ni.

Yow ema neykari chow a'chwi gunti zoríkure du kaw'nanno, owmákuchu neki aw'nari, nukin mámuse' gwa' únige'.

7.4.5. OTROS USOS IMPORTANTES DEL AGUA

Dentro del tema del uso del agua, existen otros sitios importantes como los pozos **JWIKU̶NOWMA** que son de gran significado para la comunicación espiritual entre pozos de distintos lugares.

Estos pozos merecen un respeto y, además, no se deben bañar en ellos sin previa autorización del MAMU̶.

IN'GEYGWI NA'BA' J̶E A'ZU̶NA NÍ AWÁNU̶KWA.

In'geygwi nanke je awu̶tari a'zu̶na ní awánu̶kwa neykari, in'geygwi j̶e a'kwey kwaré zari a'kwey zoyari J̶WIKU̶NOWMA za'kinuga ni. Ema neykari zu̶neku̶ j̶wiku̶nowma a'kwey zoyari winde'rigu̶nsi winde'rinugga ni awga ni.

Ema j̶e kwaré zu̶neykari chow a'chwamu̶ kawa ni awgani. Mámu̶se' agu̶nku nari owmáku̶chu̶ awnánu̶kwa awga ni.

7.5. CICLO DEL AGUA

Para todas las culturas, tanto nativas como occidentales, este concepto del Ciclo del Agua es supremamente importante. Pues sin las suficientes fuentes de agua para consumo humano o animal, todos moriríamos. Lo mismo ocurre si las fuentes de agua son contaminadas o destruidas.

En principio, cuando porciones de agua de rio o el mar se evapora, esta sube hasta la atmosfera en forma de gas. Allí en la atmosfera se acumula en las nubes y vuelve nuevamente a su estado líquido. Luego se desprende de las nubes y baja convertida en forma de lluvia, para así caer nuevamente en los ríos y mares y repetir nuevamente la evaporación; lo cual daría inicio una vez más al Ciclo del Agua.

ɈE DIWᵾN DIWᵾN NIGA

Beki Ɉe'swi awiri kwa mᵾkuri'wa neki Ɉwise' ɈUmᵾ a'nisi chwᵾyeri wiwi aza'ninaɈuri wamᵾ nari kingwi warin atmosferas ayekᵾ zoya ni, ey mekᵾ pari eygwi ɈE'.

ᵾnnigeri Ɉewᵾ ᵾnnari ᵾnwá'nᵾya ni, ey awiri eymi pariri, eygwi ayeygwi eygwi ayeygwi zᵾn sigin niga ni.

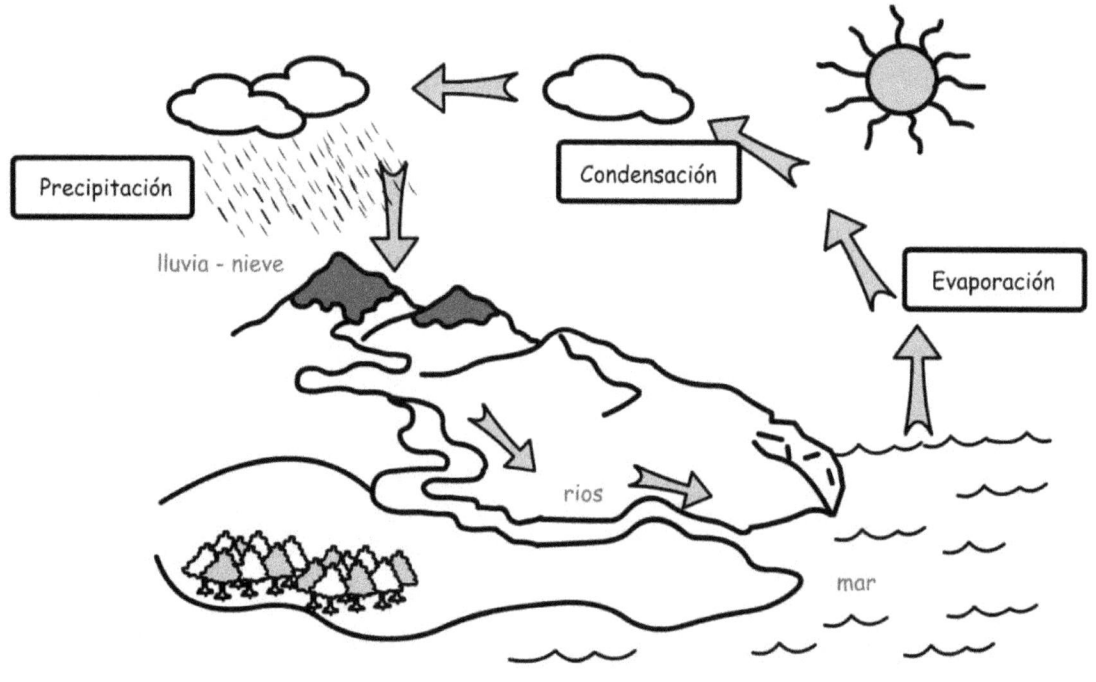

7.6. CONTAMINACION DEL AGUA

Son muchas las formas de contaminar el agua. En algunos casos la contaminación es lenta y en otros rápida. Veamos algunos casos:

Antiguamente los indígenas no utilizaban productos químicos para lavar vestidos o para el baño personal o de animales. Luego que las culturas occidentales trajeron el jabón, este fue usado por los indígenas al igual que los desinfectantes, champú y muchos otros productos utilizados para la limpieza de la ropa y el aseo personal.

Lamentablemente, estos productos pueden causar contaminación en múltiples aspectos.

Pero existen casos más graves de contaminación del agua en las ciudades, por ejemplo. Allí algunas personas arrojan basuras y desperdicios químicos a los sistemas sanitarios o al medio ambiente, provocando así la muerte de peces, aves y plantas.

Con el aumento de la contaminación habrá más problemas ambientales, enfermedades, e incluso muerte y desolación.

Ɉe' WA'MIKUMEY

Ɉe' wa'mɨ isi awkwa kínkiri, diwɨ́n diwɨ́n nisi wa'mísɨkwa kwɨya ni. Ey ɨwe'ri niwi ikɨ nɨnkureykari birindi ínɨki bɨnáchɨse' owmey neki aw' nɨnna ni.

Eymi pariri tɨkindi bunachɨ ɨnkinkumeyri mɨkɨ agáchukwɨya ɨnniwikunakɨn pana, beki sakɨn re'bechɨkweyna ayeygwi anunakɨn pana gwi anawi zorie'ri, ikɨ se'ri, uya du ɨnmikɨnikɨn pana gwi anawi ɨnzorie' kinki, ɉe'ri manɨnka kingwi wa'mɨanisi ɉe' kínkiri wa'mɨ anisi zɨn ɨnzoyáy niku nanno.

Ey ɨwe'ki eygwi umɨ́n du na'neyka, ɉe' wa'misɨkwa ey kwɨya ni. Beki bunachɨ keynari ínɨki diwɨ́n neyka diwɨ́n neyka bunna yɨnke ɉese' kɨwitesi zoye' kínkiri pinna ɉese' kwey ɨwa kínkiri wichi zɨ'n gwɨn zweindi, awiri eyma imɨ na'nari dirúnɨya, wakɨ ɉina awiri kɨn ɉɨna kwey ɨwa neyka a kingwi zoya ni.

Niwi ne eygwi yow ɉe wa'mɨ isi zwein pana awkwa nanɨndi eygumɨn wichamɨ kwakumeyri, anawichi azwein pariza ni.

7.7. CONSERVACION DEL AGUA

El agua necesita mucho cuidado para que no desaparezca del medio natural.

Los indígenas en general han sido muy cuidadosos en la protección de los recursos naturales, en especial del agua.

Dentro de la cultura Ikʉ, la mejor manera de proteger el agua es haciendo los pagamentos (ofrendas espirituales a los padres y madres de la naturaleza) en los sitios que la Madre dejó y de acuerdo con la tradición.

Je' CHWI

Jeri chow chwamʉ kawa ni; kuya'ba' pari izátikuma awnanʉngwasi.

Chwi zweykwey na'nonno, ʉyéy nanu nanʉn kínkiri emi ka'gumʉ tina anikátikumey zoriza ni.

Niwi ikʉ wíntukwa nʉnkureykase'ri ʉyéy a'bori zorie' pari. Iwákʉkin, sigin ey kínki, kʉn, je', chwi azoya ni.

Niwi kʉzʉne'ri emi je' chwi zweykwa siri tina imʉ na'nari, tikʉrigʉn ayeygwi i'ngwi nánukin chwi zwein umún inʉ ikwun nʉ'na niwikʉnisiza ni niwe'zʉnin, awiri ʉyéy kinki apaw ikwʉyekʉ jwi ekʉzusi, ingʉri rinʉnni'sa awiri niwikunsanʉ se' rékʉnʉn awʉn du na'nanno.

Umún kinki pinnase' jwi, zamʉ, zownʉ a'wekumʉn nugékʉri NAWOWA Nani, jiwʉ a'kwey zwein nuga, ʉyari pinna je' zʉpáw nari zoya name' AWIKUCHʉ kéywʉri je' ipésʉyʉn, kʉn kʉta ayeygwi a'zasari wazoya ni, jecho' chwʉzʉnin ayeygwi. Ema je kinki ʉazasari ukumʉngwa neykari **SIMUNʉ** JE'TERINKʉNA je'zey kinki nari a'bunna name. Diwún nazey na' nari.

AHORREMOS AGUA

 1 de cada **6** Personas NO tiene acceso a agua potable.

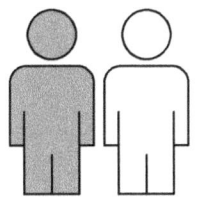  El uso del agua ha aumentado **más de 2 veces** que la tasa de aumento de la población.

 Un grifo que gotea solo una vez por segundo **desperdicia 27,000 galones de agua al año**.

Baño o Ducha	Inodoro o Retrete	Lavado de Ropa

17%	**27%**	**22%**

7.8. ACTIVIDADES PEDAGOGICAS:

1. investiga con el MAMʉ de tu comunidad la historia de JWIKʉNOWMA.

2. ¿Cómo se cuida el agua en tu casa?

3. ¿Qué tenemos que hacer para que no se acabe el agua?

NIKAMʉ

1. Mamʉ mipowruse' zánʉsin JWIKʉNOWMA zʉkunsamʉ eygumʉn sisa awkwa.

2. Mikeynakʉri azi nisi je áchwʉya no.

3. Azi nikamʉ niwikawʉnno je neyka kʉchona aw nanʉngwasi.

NUMEROS IKᵾ
Y OTRAS MATEMATICAS NATIVAS LATINOAMERICANAS

8. NUMEROS ARHUACOS   IZᵾNCHᵾNHAKUMᵾYA IKᵾN
   (Pronunciación en Lengua
   Ikᵾ):

1. (in'gwi)	11. (in'gwiuga in'gwikᵾtoᵾ) o ((1x10) + 1)
2. (mowga)	12. (in'gwiuga mowgakᵾtoᵾ) o ((1x10) + 2)
3. (Máykᵾnᵾ)	13. (in'gwi uga máykᵾnᵾ kᵾtow) o ((1x10) + 3)
4. (Ma´keywa)	14. (In'gwi uga ma´keywa kᵾtow) o ((1x10) + 4)
5. (Asewa)	15. (in'gwi uga asewa kᵾtow) o ((1x10) + 5)
6. (Chinwa)	16. (In'gwi uga chinwa kᵾtow) o ((1x10) + 6)
7. (Koga)	17. (In'gwi uga koga kᵾtow) o ((1x10) + 7)
8. (Abewa)	18. (In'gwi uga abewa kᵾtow) o ((1x10) + 8)
9. (Ikawa)	19. (In'gwi uga ikawa kᵾtow) o ((1x10) + 9)
10. (Uga)	20. (Mowga uga) o (2x10)

La numeración está compuesta por un sistema decimal, que va del cero (0) al nueve (9); pero en cuyos inicios, la del pueblo Ikᵾ, muy posiblemente no consideraba el cero, sino que este ha sido una adaptación del sistema numérico occidental.

Cabe resaltar que la enseñanza e interacción con las comunidades nativas existentes en la actualidad pueden requerir un enfoque diferente a aquellos utilizados en las sociedades urbanas.

No todas las tribus nativas son iguales, sus idiomas, ubicaciones geográficas y su disposición para aceptar a personas externas variarán de una comunidad a otra.

Izᵾnchᵾnhakumᵾya neykari cero awiri ikawakin neyka ní, ikᵾ nᵾnaba'ri cero ku' neyka nᵾn nanki, ey andi ema neykari bunachᵾ neykase' ayey re'gawi nᵾnname' iwari emey kawi neyka ni.

Emi in'geygwi neyka eygumᵾn kumᵾ a'nisi zakacho'samᵾ kaweykari ema awí awkwa neyka awiri chuzanisi neyka ikᵾ nᵾnanke' kᵾwasi awkweykari diwᵾngwi kawi kᵾwakamᵾ kaw nanno bunachᵾ winkwey zoya'ba kaway kaw nari.

Yow ikᵾ ɉuna kwey ᵾweykari ayey gunti neki na'nu neykani; winde'rimasᵾya'ba, ka'gᵾmᵾse' wina'kwey zoya'ba awiri

Por lo tanto, la adaptación a cada grupo será esencial para una implementación exitosa de sistemas numéricos en su cultura y vida diaria.

En el caso particular de los Arhuacos, una de las formas de llegar a tal acercamiento, puede ser a través de la enseñanza de otros sistemas numéricos desarrollados y ampliamente usado por otras comunidades indignas, en especial de aquellas civilizaciones latinoamericanas que logran ser vistas como Pueblos Hermanos/Hermanos Mayores de los Ikʉ.

8.1. ¿QUÉ TRIBUS INDÍGENAS AMERICANAS HEMOS CONSIDERADO?

Antes de comenzar la presentación de los sistemas numéricos de las tribus seleccionadas, es importante reconocer que hay muchas otras tribus en todo el continente que pueden haber usado otros sistemas numéricos, y que merecen más investigación y estudio.

Para este texto educativo, la investigación y el análisis se limitan a los sistemas numéricos utilizados por las principales tribus que reinaron en grandes áreas del Perú actual y Mesoamérica, un área que se extiende aproximadamente desde el centro de México, a través de

o'kʉrigʉn zanʉ neyka winipari zoya'ba.

Ey awʉndi, in'gweti nʉnay ema a'zʉnchʉnhamʉ neykari emeykʉchʉ kawi ʉyasin siggin bunsi chari zoya'ba nʉka'mʉkanʉyʉn wina'zari neyka ni.

In'geygwi áykʉnʉ ikʉ arhuaku nʉnanke, ema neykasin mʉchey kʉnisi zeykweykari, in'geygwi ikʉ neykazey izʉnchʉnhakumʉya anʉkʉriwí zoya'ba ema re'masi akwey zweín nugeykazey ɉwa'sʉyame' atʉgekʉ winkwey zoyasin ʉnka'mʉkánʉkwey nigga ni.

BEMA IKʉ ɈUNA AMERICA WINKUYARI "ʉYA" AWANʉN NU'KURE?

Ema a'zʉnchʉnhamʉ ɉuna neyka ikʉ ingweti nʉnay eyki wasay kíngwiri, ayeygwi ema ka'gʉmʉ aɉu nʉna'bari in'geygwi ikʉ ɉuna neyka sʉmʉgwi winkwey zweín nugeykari izʉnchʉnhamʉ ɉuna neykari eygwi winʉkʉnanʉn nugga nanu nanno, ey andi sekʉnanamʉ awiri kʉriwiamʉgwi kaw nanno.

Emazey paperi kʉrigawínkʉnari, sekanari awiri ka'zarunhakumey uneykari gugingwi izʉnchʉnhamʉ ɉuna neykasin in'geygwi ikʉ iwa Perú winkwʉn nugeykase' awiri Mesoamérica, ka'gʉmʉ in'gwi aɉu awʉtari zari México sí pari, Belice ʉnkʉzagi, Guatemala, El Salvador, Honduras, Nikaragua

Belice, Guatemala, El Salvador, Honduras, Nicaragua y el norte de Costa Rica.

awiri Costa Rica zwʉrakiargʉnkin wina'kwey nʉneykase' winʉkʉnari neykagwi nanu nanno.

En esa vasta extensión geográfica, las civilizaciones precolombinas de los **Incas**, **Aztecas** y **Maya** florecieron hasta su aniquilación durante la conquista española en los siglos XV y XVI (1400-1600).

La brutalidad de la conquista junto a algunas guerras intertribales fragmentaron estas grandes civilizaciones, dejando solo descendientes dispersos con poca conexión cultural con sus antepasados.
Sin embargo, los sistemas numéricos avanzados de estas

Eymanke' ka'gʉmʉ awʉtari zari nʉna'ba, Incas, Azteca, awiri Maya eygumʉn awʉtari inʉ chuzʉnhasi rizweín nu'nari sémʉke bunachʉ España zanʉ neykase' winde'riɉo'si siglo XV awiri XVI (1400-1600) ey awkin chʉká a'zʉnnari, yow izátikumʉkin.

Ema ka'gʉmʉ ke awari zoya gugin arunhu nari ey awi keywʉri agʉnke' a'kwey rizoya ɉinari ʉnwinʉnkʉripanʉn pana ʉweykasindi ema ɉinari yow winʉkʉrichona una ní, in'gwí atʉgʉnkekʉ winkwey zoya ɉina

sociedades han sobrevivido y podrían ofrecer beneficios prácticos a las tribus nativas aun en existencia, al mismo tiempo que crean un vínculo cultural entre los Ikʉ y otros pueblos nativos existentes, y sus **hermanos mayores**.

8.2. ¿QUÉ TAN AVANZADAS FUERON SUS MATEMÁTICAS? Y, ¿CÓMO SON RELEVANTES HOY EN DIA?

Tanto los Incas, Aztecas y Mayas usaron sus habilidades matemáticas tanto en astronomía, como en otras actividades diarias, tales como la construcción, agricultura, comercio o intercambio de bienes, y mucho más.

Es recomendado, que el estudio del sistema numérico, se realice de acuerdo a su nivel de complejidad y a las habilidades de los estudiantes.

Una manera sencilla de empezar podría ser con los Incas, luego los Aztecas y, finalmente, con los Maya. Este orden también refleja los sistemas y las aplicaciones más cercanas a como que se utilizan actualmente en todo el mundo.

Cabe resaltar que estas habilidades matemáticas pueden ser relevantes hoy día, y su aplicación en sistemas más

zʉn chúkumey. Emey ʉwe'ki, izʉnchʉnhakumʉya neykari eyki iwákʉkin kwey chʉká a'zari nanʉn nugga nanu nanno in'geygwi eykigwi ikʉ ɉuna izátikuma awkingwi neykase', ewe'ri ikʉ neykase' awiri in'geygwi neykase', kunsamʉ nari ʉnwinkikwasa awaki nugga ní.

¿BIN NÁNʉKIN IZʉNCHʉNHAKUMʉYARI ÁZWʉRÁRIGʉN NʉN NANNO? AWIRI, ¿IWARI AZI KAWI EYGUMʉN ZAKACHO'KUMO?

Incas, kwa Azteca awiri Maya nenanki a'zʉnchʉnhakumʉyeykari chʉkimʉrwakʉ wirako'ku ɉina chuzari awʉn nugga'ba' a'mʉkʉnhasi zoyana ní, awiri siggin emi bunsi ichari inʉ ʉnkawi zoya'ba, urakʉ ʉngʉwin, ʉnzarikʉyʉn, inʉ ʉnkʉngeykʉyʉn kwa ʉnkʉnta'sʉyʉn, awiri eygumʉn na'ba neki.

Ema inʉ izʉnchʉnhamʉ neyka ʉnkʉriwí awizʉneyka ikʉse'ri, ikʉnha winʉkʉnʉnʉ'kin awiri ema winde'riwí ʉweykase' kʉnikʉyʉkin zʉn winɉwa'samʉ kawa ní.

Ema neyka nánʉkin re'gawi ne ʉnkwasaykwa nanʉndi, Inca neykasin keywʉ nanu nanno, ey unáyuri Azteca awiri, akowna nékʉri Maya. Ema re'nisi nʉnaygwi kawi chuzʉnhasʉyari emi pinna ɉuna inʉ kwey a'bori zoya'bagwi in'gwi mi'na ba'ba úkumey nakʉn nugga ní.

avanzados, como por ejemplo en ciencias aplicadas, tecnología, ingeniería y matemáticas, podrían ser de gran valor para generaciones futuras, especialmente en la solución de retos tecnológicos, ambientales, humanísticos y demás.

Finalmente, estos mismos sistemas numéricos pueden servir a comunidades nativas existentes, y proporcionar acceso a otras habilidades matemáticas y científicas, sin ser percibidas como una intromisión autoritaria por las culturas occidentales, sino más bien, como una continuación y adopción de culturas nativas anteriores.

8.3. ¿CUANDO Y DONDE EXISTIERON?

Emey awari izeywámusukwa nanundi izunchunhakumuyari iwari eygumun kinki be neki a'mukunhakumey zweinó, máquina jina nuna'ba, inu wasi ukumuya'ba, jwisía unkuzagichun nuga'ba, gunti awutari chuzari nanun nugga nanu nanno, ema neykari eygwi nakungweykase'ri jwisía jina nuna'ba, kun juna nuna'ba, arunhey chuká kuzari nanun nuga'ba gunti emasindi kure'guka una nikungwa nanu nanno.

Akowna nékuri, ema kingwi neykari iku jina azey azey winkwey neykase'ri, eygwi diwun nari neki winuka'mukanukweygwi nari nanungwa nanu nanno, uya jwejwe nari kinki nanu nari, emi iwa winkwey zweín nuga'ba ayey nisi aya'ba anipunsi gunti atugunkérigun zanu kwasun nukaygwi nari.

¿BINZARI AWIRI BEKU WINKWANANNO?

Incas (Perú, Sur América)
1400s – 1572
Población Estimada: 10 millones
Pico de su Civilización: 1430s

Azteca (Mesoamérica)
1100 – 1600s
Población Estimada: 7 millones
Pico de su Civilización: 1500s

Maya (Mesoamérica)
1800 BC – 1687
Población Estimada: 7 millones
Pico de su Civilización: 200-400

8.4. LAS MATEMÁTICAS DE LOS MAYA Y AZTECAS: ABACO MAYA O NEPOHUALTZINTZIN

(Ne-Pohuali-Tzintzin) o contar con pequeños elementos similares por una persona

Tanto los Aztecas como los Maya utilizaron herramientas de cálculo similares basadas en el sistema vigesimal (base 20), aunque con aplicaciones ligeramente diferentes en sus calendarios.

IZUCHUNKWEYNA MAYA AWIRI AZTECAZEY: ABACO MAYA

Azteca awiri Maya jinari inu izunchunhey awizari kuwasi awkwey neyka kunari nunnaní, mowga uga tekure'punkwa (vigesimal base 20), timasin inu kuwasi timasin uneykari diwun kawi kununnanki.

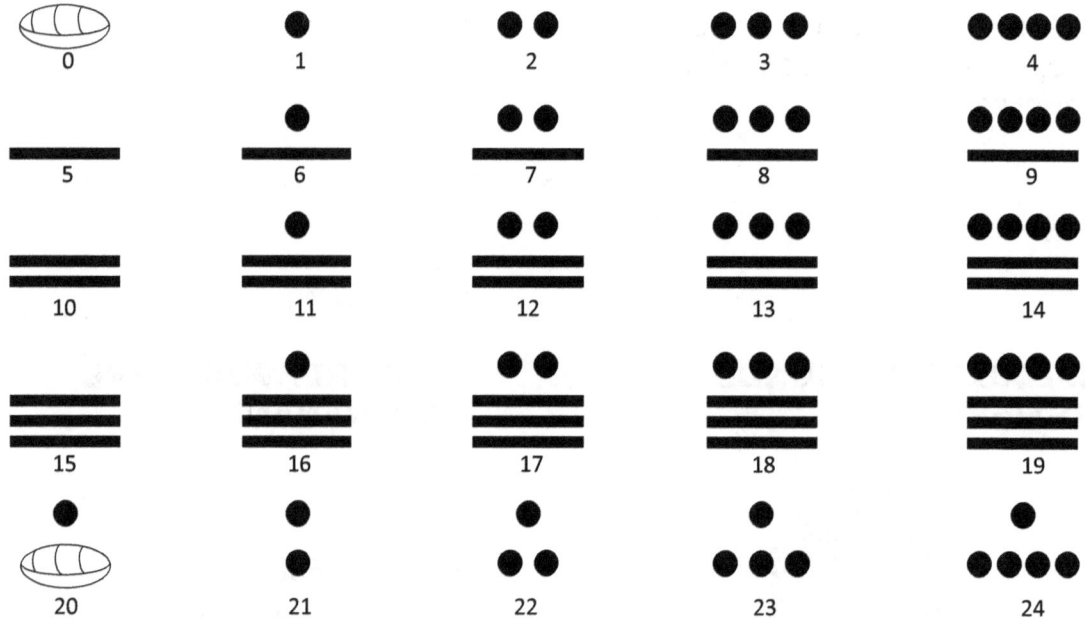

El ábaco Maya o Nepohualtzintzin consiste en una cuadricula hecha con varillas y semillas que representaban los números.

En la parte inferior hay cuatro cuentas, que en la primera fila tienen valores unitarios (o 1, 2, 3 y 4), y en la parte superior hay tres cuentas, con valores de

Abaco Maya neykari re'sasá kawi wariyasin bunna awiri ayaba'ri zajunari iazunchunhakumuya kuzuna nunna ni.

Undérigundi ma'keywa re'nikwa nari nunnani, ayaba'ri (0,1,2,3,4) iwa azwurakiari maykunu izunchunha neyka (5,10,15)

cinco unidades (o 5, 10 y 15), respectivamente.

Las cuentas en las columnas adicionales tienen valores asignados dependiendo en el sistema numérico en base 20.

Para los mayas y los aztecas, contar en la base 20 era completamente natural, ya que el uso de sandalias les permitía usar sus dedos de los pies, así como los dedos de sus manos, para contar y hacer cálculos.

emey kawi izunchunhakumuya winukununna ni.

A'zunchunhakumuya neykari mowga uga neyka unpunsi zoya ey awga ni.

Maya awiri Aztekase'ri mowga uga neykari ayey kawi winukununa zun neyka ni, supatu re'yusi winzoya'ba asewa kuttu zuwa kunari zoya'ba awiri guna' asewagwi neykasin zun izunchunhey nunna ni.

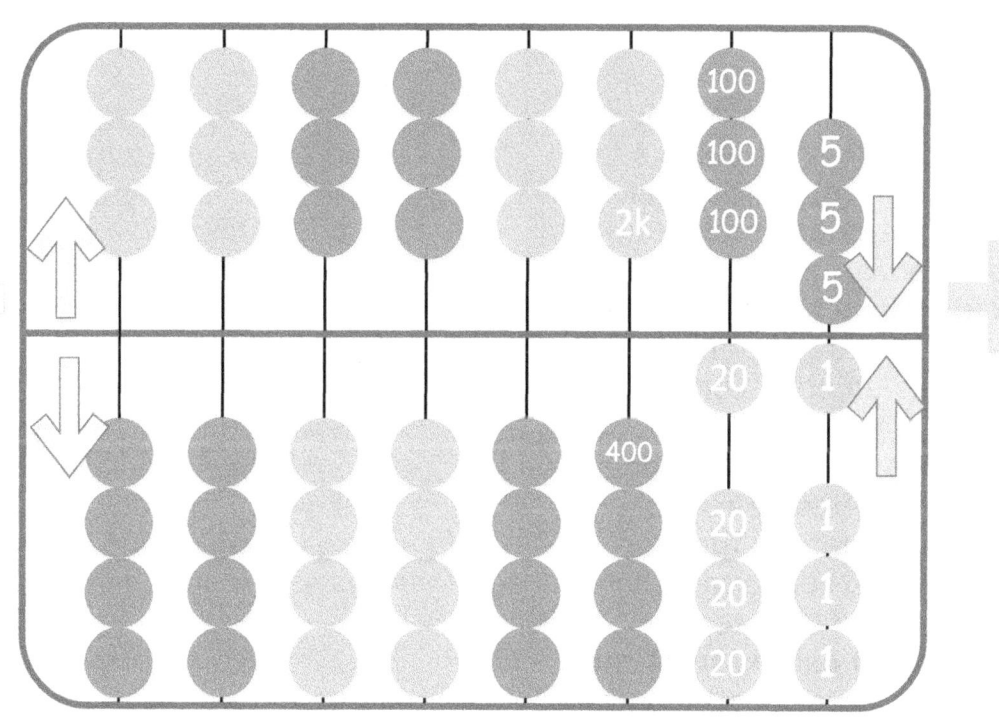

20 + (15 + 1) = 36

Un ábaco maya completo tendría 13 filas con 7 cuentas en cada fila, que representa 91 cuentas en cada Nepohualtzintzin. Este número 91, se trata de un número básico para entender la estrecha relación entre las

Abaco Mayazeyri in'gwi uga maykunu kuttow re'sanuka kunariri koga izunchunha re'sanukuya kunari gunti ikawa uga in'gwi kuttow Nepohualtzintzin kununna ni. Ey awundi ema ikawa uga in'gwi

cuentas mayas y ciertos fenómenos naturales que ellos observaban.

Por ejemplo:

1 Nepohualtzintzin (91) = Número de días que toma cada estación del año
2 Nepohualtzintzin (182) = Número de días del ciclo del maíz
3 Nepohualtzintzin (273) = Número de días de gestación de un bebé
4 Nepohualtzintzin (364) = Completa un ciclo y aproximadamente un año

Vale la pena resaltar que en el Ábaco Maya se pueden calcular tanto cantidades espaciales como cantidades infinitesimales con absoluta precisión.

También se han encontrado muy antiguos ábacos atribuido a la cultura Olmeca, e incluso algunas pulseras de origen maya también consideradas como **Calculadoras Maya**, así como una diversidad de formas y materiales en otras culturas.

Quizás una de las aplicaciones más importantes de estos sistemas numéricos fue la **astronomía**, donde tanto los mayas como los aztecas desarrollaron **calendarios** muy avanzados en los cuales lograron realizar mediciones muy detalladas y precisas de nuestro planeta y su relación con otros elementos en el espacio, tales como como el sol y la luna, así como su relación con otros planetas y estrellas.

kuttow neykari akuttu winukununna ni, eymasin emi ka'gumuse' zari zoyeykari winchwun un'na ni.

Ema Maya inu a'zunchunkweyna winukunari uneykari wareku zari zari awungweykari ayey nikungwukin ka'chori zoyana ni.

Emey gunti nari eygwi eygumun inu winde'ritasi ki zoyananno awanukwey nari pinnakuchu kunariki zoya nanno awanukwey nari kawi chuzuna ni, calvuladora awga neki diwun kawi nunkwe'ki eygwi kununna ni.

Eymi awanukwa nanundi Maya awiri Azteca neykari ema azunchunhey awkweykari emi wirako'ku ɉina chukimurwaku chuzari nanun nugga neykasindi ema tima unta'kumey zoya eygumun kura' winjwa'si uyari ɉwia'sin kuzagichi zoyari yow re'gu'na winukunari nanun un'na ni.

Emeygwi nari inu wasi awkweyka gwakun akingwi.

Otro elemento importante del calendario Maya es la **Cuenta Larga** o serie inicial, la cual les permitió contar largos períodos de tiempo, como decenas, cientos o miles de años, e incluso usa un día cero (0) como inicio del calendario Maya, dicho día fue estimado por los Maya como el 11 de agosto del año 3,114 antes de Cristo.

Las fechas se anotaron de manera especial usando puntos para separar los días, meses y años. Lo cual, a unido a otros conceptos avanzados en sus calendarios y, facilita la manipulación matemática de una manera simple y estandarizada.

En el texto etno-educativo, **Nativo Matemáticas 5**, ISBN: 978-0-9997757-0-7, pueden encontrarse más detalles sobre este y otros conceptos relacionados con las matemáticas nativas, sus aplicaciones en astronomía, ciencia y naturaleza.

In'geygwi neykari ema izʉnchʉnhey awkweykasindi pinna yown re'gu'na gun nare'ri inʉ izʉnchʉnhey awkweykari sʉmʉ a'zʉnchʉnkwey neykagwi kʉnanu nʉnnanno, kʉggi'sin ɉwiasin kʉzagichi zoyeyka ayey kawi anʉkʉnʉnna ni. Emey ʉwame' tma agosto 11 zare'ri 3.114 Cristo kwakumu'gwiri, eymi keywʉ kʉggi'ri ʉnpesi zweingwa re'gowna ni.

Emey nare'ri ɉwía, tima kwa kʉggi neykari puntu gawi kwa eyna isi zʉn wina'zʉchʉnhana ni, emey nari gunti unʉkiri nánʉkin nanay gunti kawi atʉgʉnkékʉkin ʉntamena ʉwa nanu nanno.

Ema paperi kʉriwiwkweyna, **Nativo Matemáticas 5**, ISBN: 978-0-9997757-0-7, neykase'ri eygumʉn kʉriwin me'ɉunʉn kinkiri eygumʉn ey ku'nanno, pinna ka'gʉmʉse' inʉ kwey chuzari na'ba tá warunhʉn kinkiri awiri bemʉke' a'mʉkʉnhasʉn me'ɉunʉn kinkiri.

Baktun
20 Katunes
144,000 Días

Katun
20 Tunes
7,200 Días

Tun
18 Uninales
360 Días

Uninal
20 Kines
20 Días

Kin
1 Día

Los Autores...

M.Eng. Ernesto Vega Jánica
Ingeniero Eléctrico y Magister en ingeniería de protección contra incendios con 20 años de experiencia. Miembro de IEEE, NFPA y SFPE. Reconocido como el Ingeniero del Año 2017 por el Capítulo de New Jersey de la Sociedad de Ingenieros de Protección Contra Incendios (SFPE) y honrado con el Premio de Patentes Tyco en el 2011. Instructor de normativas internacionales y autor de múltiples publicaciones a nivel mundial.

PhD. Simón Esmeral Ariza
Investigador asociado de Colciencias, Doctorado en Educación, Ex-Secretario de Educación, Jefe de Núcleo, Rector y Director de la Unidad Regional de Etno-Educación con más de 30 años de experiencia al servicio de la docencia y las comunidades indígenas colombianas. Docente universitario con un sinnúmero de publicaciones y reconocimientos en el ámbito educativo, multicultural y ético.

Lic. Hugues Vega Murgas
Licenciado en Ciencias Sociales, Periodista y Autor de múltiples textos educativos. Posee amplia experiencia a nivel de Secretaria de Educación por más de 30 años. Ex-Director de planes de alfabetización, planes de universalización educativa y Jefe de Núcleo. Además de desempeñarse como profesor universitario por más de 10 años, ha liderado variadas iniciativas etno-educativas en varios Departamentos de la Región Caribe Colombiana.

Agradecimientos...

Nelson García Torres
Asesor Lingüista Iku/Arhuaco

Agradecemos a todas aquellas personas con quienes hemos tenido el placer de trabajar durante este proyecto. Especialmente a nuestras familias, cuyo amor y guía están con nosotros en cada paso que damos.

Deseamos agradecer a la tribu Arhuaca, nativos de la Sierra Nevada de Santa Marta, Colombia, por su sabiduría y guía durante el desarrollo de estas actividades.

Nos gustaría agradecer a los revisores, lingüistas y expertos por su asistencia y comentarios que mejoraron en gran medida el manuscrito inicial, aunque reconocemos que cualquier error es nuestro y no debe empañar la reputación de estas personas tan estimadas.

Duní gunti rekeykumuyun ema nikamu re'wekumey zoyana'ba niwikuchwi uneyka jina. Eygumun kinki ayeygwi zeyzey rekukumuyeykari niwisinamu ni, zeyzeygwi niwiwari emi niwi ingiti untameri zorikuray ánugwe niwikusana. Zeynari reni.

Arwaku tana neyka gwakun duní gunti rekeykumuyun, a zunhumunuse' winkwey zwein nugga; kunsamu winugunsi zweín nugga neykasin íngunu niwekugasi zoyaname' ema nikamu neykazey nari.

Ema nikamu sekununna, ga'kunamu jwa'suya awiri uyazey jwa'suya neyka gwakun akingwi duní gunti keykumuyun emiri emey kawin gunti awari du niwekukusi uneyka gwakun akingwi, nanamuri kwa iba'ri du kaw nunnige'ri niwigwi niwikawungwa nanunanno awiri emey uwame' buni'gumu nariza neki nanu nariza nanu nanno.emey gun ti awgin. Duní.

Pueblo IKU: Ciencia, Naturaleza y Arte Arhuaco

vega, vega, esmeral

Pueblo Iku: Ciencia, Naturaleza y Arte Arhuaco

La opción perfecta tanto para educadores y padres, como para historiadores y amantes de las lenguas y culturas nativas. Este valioso texto combina aspectos socio culturales, reseñas históricas e invaluables conceptos de la vida cotidiana y creencias de nuestros pueblos Arhuacos (o Iku). El libro incluye un sinnúmero de imágenes, mapas, tablas y diagramas con información relevante para la conservación de la naturaleza y cultura indígena. Además, este libro incluye ejercicios prácticos y actividades emocionantes, en un entorno actual y con ámbito global. Las páginas reproducibles brindan a los estudiantes la práctica que necesitan para dominar las habilidades básicas necesarias, y son excelentes para usar tanto en la escuela como en el hogar.

Habilidades incluidas:
- Etno-Educación Cultura Arhuaca
- Orígenes Mitológicos
- Lenguaje
- Localización
- Costumbres y Tradiciones
- Materia, Energía y el Universo Iku
- Fauna y Flora Iku
- El Suelo y Las Piedras
- El Aire y El Agua
- Números Iku
- Otros Sistemas Numéricos Indígenas
- Actividades Pedagógicas

Completamente Bilingüe: Español-Lengua Ikun

Connie Gómez